DUMONT

杜蒙·阅途

追寻老城的岁月时光

透过这些斑驳的建筑去触摸岁月的痕迹

漫步在松花江畔

散落在老街里的时光印记

哈尔滨的老城岁月

透过博物馆的玻璃窗，你是否听到了喀秋莎的吟唱

回味在舌尖上的老城里

属于老城哈尔滨自己的味道

教堂林立的多彩之城

这片黑土地上最值得驻足的地方

香气和霓虹交织在城市的夕阳里

闹市里一方宁静的所在

领略哈尔滨国际大都市的一面

最诱人的美食宫殿

进入洁白的冰雪世界

冰雪世界里的欢声笑语

冬日的伊春有些不一样

犹如世外桃源的山林

哈尔滨·伊春

微旅行

漫游这座城

王誉 著

北京出版集团公司
北京出版社

图书在版编目（CIP）数据

哈尔滨·伊春微旅行 / 王誉著. — 北京 : 北京出版社，2018.8

（漫游这座城）

ISBN 978-7-200-14206-8

Ⅰ. ①哈… Ⅱ. ①王… Ⅲ. ①旅游指南—哈尔滨②旅游指南—伊春 Ⅳ. ①K928.935

中国版本图书馆CIP数据核字（2018）第155296号

哈尔滨·伊春微旅行

HAERBIN • YICHUN WEILÜXING

王誉 著

*

北京出版集团公司
北京出版社 出版

（北京北三环中路6号）

邮政编码：100120

网 址：www.bph.com.cn

北京出版集团公司总发行

新华书店经销

北京瑞禾彩色印刷有限公司印刷

*

787毫米×1092毫米 16开本 14印张 200千字

2018年8月第1版 2018年8月第1次印刷

ISBN 978-7-200-14206-8

定价：59.00元

如有印装质量问题，由本社负责调换

质量监督电话：010-58572393

哈尔滨·伊春微旅行

漫游这座城

东三省霸道的寒冷和爆棚的男友力早早就在我脑海中翻滚，冰雪中的哈尔滨伴着松花江略带羞涩的表情，让我见识到了它的真面目！

哈尔滨的冬天之所以让人们印象深刻，与这里漫长而又早抵的冷空气有关。从热闹的都市和繁华的南城走过，陷入北国，冷清伴着寒意一阵阵地迎面袭来，哈尔滨这座“冰城”以一个俊朗的模样迎接我的脚步。

从未亲临北国的我，总是对那里的山山水水情有独钟。当一团烟雾腾起，浓浓的冰雪风景令我迷失在哈尔滨白雪覆盖的青藤里……历史的青色布满了哈尔滨的大街小巷，满眼都是沧桑。超然物外的心境和情怀弥漫在整个城市之中，淡黄色的基调，欧陆风情的特色丰富着这座城市现代化的篇章。哈尔滨像一首首爱情的诗篇，让人不禁一遍又一遍为之伤情，却又想一遍又一遍地反复品咂其情伤后的领悟。当然这片黑土地所赋予的深邃，并不是三五天就能够体会的，它博大的内涵、神奇的圣洁让人反复沉溺于这座城池的历史与现实、水与冰、温柔与刚强的强烈对比之中。一半是海水一半是火焰，与这个城市比较有共鸣，百年沧桑和荣辱兴衰让人不由得肃穆而立，越是凛冽的天气，越是将这座城市骨子里的坚硬表现得极其分明。

都说哈尔滨是“小俄罗斯”，在哈尔滨异域风情的街景的确是随处可见，尤其是走在果戈里大街上，冷峻的街道和宽广的马路，以及两边对称似的建筑群，都有着俄罗斯特有的感觉。在各类俄餐厅的零星点缀之下，伴着来自西伯利亚的寒流，此时要不穿件厚厚的毛绒大衣，披上厚厚的围巾，踏上一双雪地靴，都不足以表现北国的俄罗斯情调。寒凝大地，冰锁江河。哈尔滨的冬天给我留下了难忘和倍感震撼的印象。

如果说哈尔滨是领略俄式建筑的博物馆，那么山林覆盖的伊春就是一座令人心旷神怡的天然大氧吧。伊春的红松原始林生长面积在全国首屈一指。夏季的伊春是一片无边的翠绿，山谷间风过枝摆，负氧离子含量充沛。秋季的伊春换上了多彩的外衣，那红得耀眼的、黄得璀璨的枝叶仿佛是上帝打翻的调色板，秋季俨然是伊春色彩最为迷人的季节。漫长的冬季为伊春披上了银色的外衣，皑皑的白雪让伊春成了游客们欢声笑语、追逐白雪的乐园。如果看腻了游客攒动的城市的繁华，不妨在冬季到伊春来，呼吸最新鲜的空气，感受这漫山的白雪，一定会给你意想不到的惊喜。

天主堂

目录

必游线路推荐

必游线路 一天

圣·索菲亚教堂（P38）→中央大街（P22）→斯大林公园（P28）→冰雪大世界（P194）

必游线路 二天

第一天： 中央大街（P22）→斯大林公园（P28）→松花江观光索道（P60）→太阳岛（P56）→东北抗日联军纪念园（P64）→冰雪大世界（P194）

第二天： 天主堂（P54）→东正教圣母守护教堂（P74）→秋林公司（P76）→果戈里大街（P78）→黑龙江省博物馆（P82）→圣·索菲亚教堂（P38）

必游线路 三天

第一天： 圣·索菲亚教堂（P38）→犹太新会堂旧址（P126）→中央大街（P22）→斯大林公园（P28）→松花江观光索道（P60）→太阳岛（P56）→东北抗日联军纪念园（P64）→冰雪大世界（P194）

第二天： 文庙（P132）→极乐寺（P96）→七级浮屠塔（P97）→老道外（P106）→道外古玩市场（P104）→中华巴洛克风情街（P128）

第三天： 天主堂（P54）→圣·阿列克谢耶夫教堂（P120）→俄罗斯河园（P124）→黑龙江省博物馆（P82）→果戈里大街（P78）→秋林公司（P76）→东正教圣母守护教堂（P74）

必游线路 四天

第一天： 兆麟公园（P190）→斯大林公园（P28）→松花江观光索道（P60）→太阳岛（P56）→东北抗日联军纪念园（P64）→哈尔滨极地馆（P186）→冰雪大世界（P194）

第二天： 中央大街（P22）→犹太新会堂旧址（P126）→圣·索菲亚教堂（P38）→老道外（P106）→道外古玩市场（P104）→中华巴洛克风情街（P128）

第三天： 天主堂（P54）→圣·阿列克谢耶夫教堂（P120）→俄罗斯河园（P124）→黑龙江省博物馆（P82）→果戈里大街（P78）→秋林公司（P76）→东正教圣母守护教堂（P74）

第四天： 极乐寺（P96）→七级浮屠塔（P97）→文庙（P132）→亚布力滑雪场（P198）

必游线路 五天

第一天： 圣·索菲亚教堂（P38）→阿格洛夫洋行旧址（P178）→犹太新会堂旧址（P126）→中央大街（P22）→马迭尔冷饮厅（P172）→伊万俄罗斯商品（地下）一条街（P168）→兆麟公园（P190）

第二天 斯大林公园(P28)→松花江观光索道(P60)→太阳岛(P56)→东北抗日联军纪念园(P64)→哈尔滨极地馆（P186）→冰雪大世界（P194）

第三天： 东正教圣母守护教堂（P74）→秋林公司（P76）→秋林食品商场（P180）→果戈里大街（P78）→黑龙江省博物馆（P82）→俄罗斯河园（P124）

第四天 天主堂(P54)→圣·阿列克谢耶夫教堂(P120)→老道外(P106)→道外古玩市场(P104)→中华巴洛克风情街（P128）

第五天： 极乐寺（P96）→七级浮屠塔（P97）→文庙（P132）→亚布力滑雪场（P198）

认识 哈尔滨·伊春

哈尔滨

天气>

哈尔滨位于我国最北端的黑龙江省，是我国纬度最高、气温最低的大都市。这里四季分明，冬季漫长而寒冷，夏季则短暂且凉爽，夏季的哈尔滨是不可多得的避暑胜地。哈尔滨的春季气温回升快，降水少，大风多，空气干燥，天气多变，气温变化幅度大。春天的时候去哈尔滨也要多穿几件衣服，并且不要因为稍微热一点就脱衣服，那样很容易感冒。哈尔滨的夏季气候温热，雨量充沛，历年平均气温在20.8℃左右。哈尔滨的夏季降水强度不大，平均暴雨天数1～2天，特大暴雨很少见。哈尔滨的秋季受北方（贝加尔湖）冷空气影响，气候由暖变寒，天气冷暖多变，此时在哈尔滨就需要穿长绒衣了。哈尔滨的冬季气温很低，降水极少，气候严寒、干燥。一二月间多是零下二十几度的天气，有时在偏远的山区还可能出现暴雪天气。所以冬天去哈尔滨，不管你怕不怕冷，都要考虑冻伤的问题，把你能想到的可以保暖的衣服和棉鞋都穿上吧！

民俗风情>

俄罗斯人称它是“东方莫斯科”，法国人说它是“东方小巴黎”，中国人称它是“共和国长子”。这座被誉为“天鹅颈上的珍珠”的城市，就是“冰城”哈尔滨，特殊的地理位置造就了哈尔滨独特的民俗风情。哈尔滨是汉族和少数民族杂居地区，共有包括朝鲜族、满族、蒙古族、锡伯族、达斡尔族、鄂温克族、鄂伦春族等民族在内的47个少数民族。

美食偏好>

到了哈尔滨，自然要寻访地道的哈尔滨美食，难忘的滋味不是只有在高级餐厅才能品尝到。走在中央大街上，你会见到用盒子装着摆在露天里卖的马迭尔冰棍，浓郁的奶味令人回忆起小时候的味道。可以直接吃的哈尔滨红肠，一抓一手黑，那是红肠表面薄薄的一层炭灰；连着表皮一并吃掉，才能品出带点山野气息的焦炭味。大街上随处可见北方的冰糖葫芦，看着裹在外面的冰糖溜子，的确比南方的更有味道。一个个被冻得发黑、扔出去能砸死人的冻梨，东北人习惯直接切开了啃那又冰又硬的果肉，或是泡在水里，缓过劲来吃软的，或单喝那融化的冻梨汁，冰甜可口。堪称哈尔滨一绝的大列巴，味道独特，别具芳香，具有传统的俄罗斯风味，外皮焦脆，内瓤松软，唯一的缺点就是有点重。还有各式凉糕，吃在嘴里，真是透心凉！

地理、历史>

●地理

哈尔滨位于松花江中游地区，东南部地区紧邻张广才岭支脉，北部为小兴安岭山区，中部有松花江流过，境内山势不高，河流纵横，平原辽阔。哈尔滨市区主要分布在松花江形成的三级阶梯上，境内的大小河流均属于松花江水系和牡丹江水系。松花江的发源地是吉林省长白山天池，其干流由西向东贯穿哈尔滨市区中部。

●历史

根据考古资料，在2.2万年以前，大约旧石器时代晚期，哈尔滨就有人类活动的足迹；在大约5 000年以前，这个地区进入新石器时代；在大约3 000年前，进入青铜器时代，此时属于中国历史上的殷商晚期。

哈尔滨地区还是金、清两大王朝的发源地。金代的上京遗址位于今天哈尔滨下辖的阿城市南2 000米，在1115—1153年间，金太祖、金太宗、金熙宗、海陵王四帝以此地为都，长达38年之久。

19世纪末，沙皇俄国向远东扩张，攫取了中东铁路建设权。中东铁路的建设改变了哈尔滨的命运，使它成为沙俄的侵华总部，成为沙俄殖民统治的租借地，也因此加快了哈尔滨的城市发展。1904年，日俄战争爆发，哈尔滨成为俄国的重要战略后方。

1931年，日本帝国主义发动侵占我国东北的“九一八”事变。1932年2月5日，哈尔滨沦陷。从此，33万哈尔滨人民陷入日寇血腥统治，处在水深火热之中。在民族危亡关头，哈尔滨各阶级、各阶层纷纷举起抗日旗帜，同日本侵略者展开英勇斗争。在14年艰苦卓绝的抗日斗争中，杨靖宇、赵尚志、赵一曼等无数优秀儿女，为祖国独立和民族解放献出了宝贵生命。

1945年8月19日，苏联红军占领哈尔滨，1946年4月28日，东北民主联军进驻哈尔滨，哈尔滨获得解放。

伊春

天气>

伊春市位于黑龙江省东北部，市中心与哈尔滨直线距离仅约300千米，其气候状况与哈尔滨类似。伊春的林区在冬季会更加寒冷，所以去那里旅游更加要注意保暖和防冻的问题。

民俗风情>

伊春也是一个汉族与满族、鄂伦春族、朝鲜族等多个少数民族杂居的地方，其中鄂伦春族的斗熊舞被列入了省级非物质文化遗产名录，而东北大鼓中的江北派东北大鼓就流传于伊春地区。

美食偏好>

俗话说“靠山吃山，靠水吃水”，伊春就是靠山吃山的典型地区，从当地的菜色当中就可以看出一二，如：炝蕨菜、山蘑炖山鸡、炖山珍……

地理、历史>

●地理

伊春是一个边界城市，其北部的嘉荫县与俄罗斯隔江相望，界江长246千米。伊春地貌特征为“八山半水半草一分田”，整个地势西北高、东南低，平均海拔600米。最高山为平顶山，海拔1 423米。

●历史

伊春历史悠久。历来是北疆少数民族劳动生息之地，唐代设黑水都督府，羁束黑水靺鞨；辽代属东京道，为女真人居住地；金代属上京路；元代属辽阳行省；明代仍为羁束地，属奴儿干都司；清代正式纳入版图，为黑龙江将军辖地。大规模开发建设从 1948 年开始。1950 年设立伊春森林工业管理局，1952 年成立伊春县，1957 年成立伊春市，1964 年建立伊春特区，1970 年成立伊春地区，1979 年恢复伊春市。

行在 哈尔滨·伊春

哈尔滨

到达>

●航空

哈尔滨太平国际机场是国内比较大型的国际机场，现为中国东北地区最繁忙的三大国际航空港之一，是我国通航俄罗斯航线最多的机场。机场距离市区较远，有 30 多千米，下飞机后可以选择民航班车或者出租车进入市区。建议乘坐民航班车，比较经济和方便。

哈尔滨太平国际机场

🏠哈尔滨市道里区迎宾一路

☎0451-82894219

●铁路

哈尔滨是东北地区的铁路枢纽，有哈尔滨站、哈尔滨东站、哈尔滨西站、哈尔滨北站 4 个火车站。其中哈尔滨西站为高铁车站。

哈尔滨站

🏠哈尔滨市道里区铁路街 1 号

☎0451-95105688

哈尔滨东站

🏠哈尔滨市道外区火车头街

☎0451-57671629

市区>

●公交车

哈尔滨公交车很多，也很方便，只是在冬天有一些线路的车没有暖气，会很冷。

●出租车

常见的车型为捷达、富康和桑塔纳，起步价为每 3 千米 9 元， 超过 3 千米每千米 1.9 元，有 1 元燃油附加费。

哈尔滨出租车投诉

☎ 0451-84517388

●包车

在哈尔滨有很多汽车租赁公司，根据各个公司的情况，可提供不同的区域服务，具体情况请咨询相关公司。

伊春

到达>

●航空

伊春林都机场位于伊春市乌马河林业局伊林经营所境内，距市中心约 9 千米。该机场目前有飞往哈尔滨、北京、大连、上海等地的航班。

伊春林都机场

🏠 伊春市乌马河区机场路

☎ 0458-3490135

●铁路

小兴安岭地区有 3 条铁路。南乌铁路从哈佳铁路南岔站分岔，串联起伊春的 12 个（林）区，直到小兴安岭最深处的乌伊岭；绥佳线从市区南部通过；汤林线贯穿全境。

哈佳线上的南岔、带岭、朗乡、铁力等重要景区与北京、天津、山东、辽宁和哈尔滨等省市有直通列车；汤林线上的金山屯、美溪、伊春区、五营、汤旺河等景区可直达哈尔滨。

●汽车

伊春公路网比较发达，其中哈尔滨—伊春的长途大巴干净快捷，比火车还要方便，乘车地点在哈尔滨火车站对面的龙运客运。建议乘坐沃尔沃豪华大巴，4 个小时就可以到达伊春。

住在 哈尔滨·伊春

哈尔滨

在这个省会城市里，住宿不会成为难题，但仍然建议大家不要被火车站前拉客的人领走，无论他们说得多么有诱惑力。哈尔滨有非常多的由老房子改造而成的酒店、宾馆，建议住这样的地方，可以近距离接触哈尔滨特有的优秀历史建筑，也能更加了解这座城市的历史。

卡兹国际青年旅舍
哈尔滨市道里区通江街 27 号
0451-84697113

卓越连锁酒店（中央大街一店）
哈尔滨市道里区通江街 180 号
0451-84586888

马迭尔宾馆
哈尔滨市道里区中央大街 89 号
0451-84884199

百年老街酒店
哈尔滨市道里区中央大街 32 号
0451-84699969

秀水宾馆
哈尔滨市南岗区果戈里大街 188 号
0451-87018822

华驿大厦
哈尔滨市南岗区松花江街 15 号
0451-53679898

果戈里宾馆
哈尔滨市南岗区果戈里大街 84 号
0451-82579000

拉斐尔宾馆
哈尔滨市道外区南十四道街 288 号
0451-87832666

伊春

伊春住宿条件比较好，有一些星级宾馆，能提供良好的住宿条件和服务。在各景点也建有具备一定接待能力的宾馆和酒店。在林区建有木屋别墅，独具风情，虽然价格贵一些，不过物有所值。特别是冬天，小木屋顶上铺着厚厚的白雪，好像许多圣诞卡片上绘制的雪地木屋。而屋内温暖如春，躺在床上，做一个有关大森林的美梦，真的是很享受。

天华宏都宾馆
伊春市伊春区新兴中路 70 号
0458-3020000

银座酒店
伊春市伊春区新兴中路 72 号
0458-3610000

如家快捷酒店
伊春市伊春区青山东大街 337 号
0458-3015888

恒源招待所
伊春市伊春区新兴中大街 154 号
0458-6177700

天泽宾馆
伊春市伊春区伊春商城西门
0458-3887111

购在 哈尔滨·伊春

推荐特产

红肠

红肠是哈尔滨的特产之一。哈尔滨大众食品集团（原哈尔滨肉联厂）生产的“大众牌”红肠和秋林糖果厂生产的“秋林里道斯”红肠都不错，后者木炭烟熏的味道更重一些。以上两种红肠在哈尔滨的大中型超市和大型副食品店都有销售，二者的专卖店在哈尔滨的主要商业区也有分布。当然，在哈尔滨很多当地人也会提到“商委”红肠，“商委”红肠是前店后厂的经营方式，没有分店。据说，要买“商委”红肠要一大早去排队才能买到。

红肠作为哈尔滨的特产不仅是馈赠亲友的礼物，也是哈尔滨人饭桌上的家常食品，因此哈尔滨当地也有很多连锁品牌的熏酱食品店和其他一些老字号食品厂生产销售红肠。

野生榛蘑

野生榛蘑是东北特有的山珍之一，是极少数不能人工培育的食用菌之一。继“东北三宝”人参、貂皮、鹿茸之后，榛蘑被人们称为“东北第四宝”。榛蘑滑嫩爽口，味道鲜美，营养丰富。榛蘑呈伞形，淡土黄色，一般多生长在浅山区的榛柴岗上，故而得名。榛蘑含有人体必需的多种氨基酸和维生素，据说经常食用可增强肌体免疫力，还可以预防视力减退、夜盲、皮肤干燥，并可抵抗某些呼吸道及消化道感染疾病。野生榛蘑在哈尔滨和伊春都能购买到。

哈尔滨啤酒

哈尔滨啤酒是中国最早的啤酒品牌。哈尔滨啤酒有限公司前身为乌卢布列夫斯基啤酒厂，始建于 1900 年，是中国最早的啤酒生产企业。哈尔滨是我国第一桶啤酒的产地，市民对啤酒具有较高的认知和接受度，啤酒文化底蕴深厚。如今每年一次的哈尔滨国际啤酒节已成为“冰城”夏季旅游亮点。来到哈尔滨不可不痛饮哈尔滨啤酒，体会东北人的豪爽情怀。

大马哈鱼

大马哈鱼，又叫大麻哈鱼，是鲑鱼的一种，素以肉质鲜美、营养丰富著称，历来被人们视为名贵鱼类。因为黑龙江盛产大马哈鱼，所以哈尔滨又被称为“大马哈鱼之乡”。大马哈鱼是溯河性洄游鱼类，说简单点就是“两水鱼”，在海里生长，然后回江河里面产卵繁殖。大马哈鱼盛产季节一般在 9 月中下旬至 10 月上旬，可以长到 6 公斤多重，属于比较大的鱼类。

大列巴

被称为哈尔滨一绝的大列巴，堪称黑龙江第一大面包，是以面粉、酒花、食盐为主要原料，按照俄罗斯传统工艺精制而成。味道芳香诱人，圆形外观巨大如一个盘子，一般有 5 斤重，旅行中购买会比较占地方。特别是秋林牌大面包，烘烤 1 小时左右，外层微焦而脆，里面松软可口；用酒花发酵，使面包具有诱人的酒花芳香；3 次传统发酵工艺，使面团发酵充分，有种酸酸的味道。

黑木耳

黑木耳是一种营养丰富的食用菌，受生长环境和气候等自然条件的影响，黑龙江生产的黑木耳品质优良，尤其以哈尔滨尚志市的黑木耳为最佳。黑木耳肉质肥厚、叶大根小、色黑光亮、口感滑润、无污染，以特有的品质名扬海内外，广受欢迎。另外，伊春的黑木耳品质也不错，是不错的伴手礼。

东北参产品

人参，东北人管它叫“棒槌”，是“东北三宝”之一。由于根部肥大，形若纺锤，常有分叉，全貌颇似人的头和四肢，故而称为人参。人参的古代雅称为黄精、地精、神草。过去人参都是从深山老林里挖出来的，而且挖参人的工具很特别，基本上是用玉、骨或者上等的木头做的，每次找到人参的时候，挖参人都要先大喊一声“棒槌”，然后用红线把人参绑住，有的还要用一个特制的针扎在人参上。对挖参人来说，人参不是植物，而是一种有灵性的生物，是会遁地逃走的。做完了这些，就开始用那些特制的工具来挖，一株人参的好坏与上边的叶子关系很大，行内一般用“品”来形容叶子的数量，三片叶子就叫作“三品叶”。人参的产地之一的小兴安岭林区就位于伊春，因此在伊春旅游时购买一些东北参产品是一个不错的选择。

格瓦斯

格瓦斯是以山花蜜、啤酒花、谷物等天然物质为原料，经发酵酿制而成的碳酸饮料。这种饮料盛行于俄罗斯、乌克兰等国家。细看颜色近似啤酒而略呈红色，酸甜适度，口感清香。由于其酒精含量只有 1% 左右，儿童也可以饮用，逐渐成为深受大众欢迎的软饮料。

吃在 哈尔滨·伊春

哈尔滨

哈尔滨没有自己的特色菜系，但这丝毫不会妨碍你在旅途中对美味的追求，东北菜已经流行全国，你现在就有机会找到它的正宗所在。另外，这里俄罗斯风味的餐厅也非常正宗。

波特曼西餐厅（南岗店）
哈尔滨市南岗区西大直街 12 号（北方剧场售票口对面）
0451-53625888
11:00—24:00

露西亚西餐厅（西头道街店）
哈尔滨市道里区西头道街 57 号（中央大街口）
0451-84563207
9:00—24:00

马迭尔宾馆西餐厅
哈尔滨市道里区中央大街 89 号马迭尔宾馆 1 楼
0451-84884000
10:00—21:00

塔道斯西餐厅
哈尔滨市道里区中央大街 127 号
0451-84688855
10:00—21:30

毛毛熏肉大饼
哈尔滨市道里区大安街 56 号
0451-84643731
10:00—21:00

皇城老妈
哈尔滨市南岗区大成街 140 号
0451-84608888
10:00—22:30

韩国将军牛排烤肉餐厅
哈尔滨市南岗区宣化街 317 号（新吉商城斜对面）
0451-82732188
10:00—22:30

东方饺子王（中央店）
哈尔滨市道里区中央大街 51 号（近西十三道街）
0451-84855111
10:00—21:30

吴记酱骨炖菜馆（工建街店）
哈尔滨市南岗区工建街 57 号（汉广街火车道口）
0451-86208289
11:00—21:30

伊春

伊春菜式以山珍野味为主，有很明显的东北菜特征，对于游客来说，山珍野味是很有吸引力的菜式。

福兴鱼锅
伊春市伊春区通山路 6 号
0458-3996868
9:00—23:00

翔园贵宾楼
伊春市伊春区永庆路 88 号
0458-33333333
9:00—21:00

哈尔滨 >

原创
122

追寻老城的岁月时光

这座北国冰城不但拥有众多精美的欧式建筑，曾经还居住着一批来自北方邻国的侨民。

透过这些斑驳的建筑去触摸岁月的痕迹

哈尔滨的街景最能说明这座城市的历史。与很多地方的繁华有所不同，哈尔滨的街道并没有喧闹的感觉，街道两旁的建筑安静而肃穆，几乎都是文艺复兴时期的建筑风格。这些建筑大部分历经了百年的风雨，伴随着哈尔滨的成长，它们是城市发展的见证者，也是这座城市独有的风景。

走在哈尔滨的大街小巷，总有些记忆是生动且难以磨灭的，能够轻松触及这里的发展和延续所带走或留下的些许东西。冰城哈尔滨留给我太多绚丽的想象，这些想象和历史建筑在我的脑海中勾勒出了城市的基础轮廓。虽然只是第一段线路，旅行的起点，我却对这座城市有了说不清的情感，希望这种情感在慢慢的旅行当中可以更加深刻。

流连于哈尔滨的大街小巷，时常会产生恍如隔世的错觉。城市上空那道穹顶和金瓦重檐组成的天际线，仿佛一直重温着某场历史盛宴。《年轮》中的镜头接二连三地闪过，那些拜占庭式的、哥特式的、鞑靼式的和黄瓦朱垣的建筑，都曾经聚集着翩翩起舞的人们。他们离开了，精神却还在，在城市的上空默默地守望，在城市的转角处娓娓诉说有关于哈尔滨的过去，关于他们的故事等待着我们去探寻。

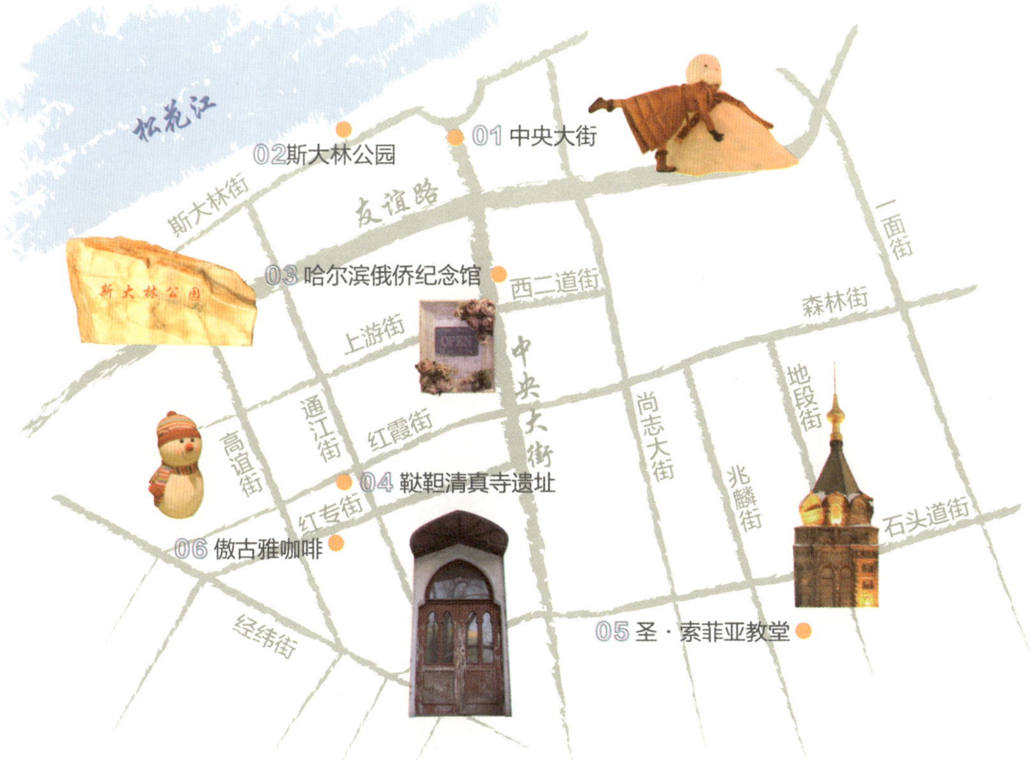
松花江
02斯大林公园
01 中央大街
斯大林街
友谊路
一面街
斯大林公园
03 哈尔滨俄侨纪念馆
西二道街
森林街
上游街
OPEN
中央大街
地段街
尚志大街
通江街
高谊街
红霞街
04 鞑靼清真寺遗址
兆麟街
红专街
石头道街
06 傲古雅咖啡
经纬街
05 圣·索菲亚教堂

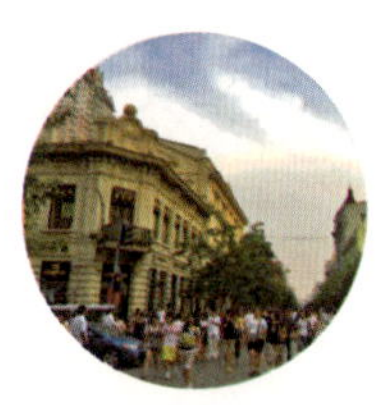

中央大街

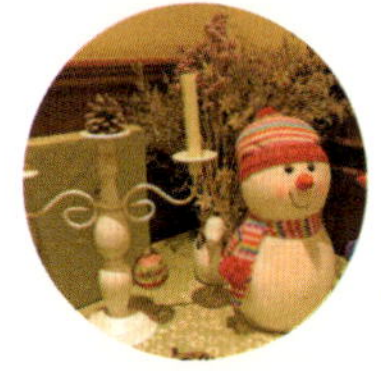

傲古雅咖啡

起始地：
中央大街

路线：
中央大街（游）—斯大林公园（游）—哈尔滨俄侨纪念馆(游)—鞑靼清真寺遗址(游)—圣·索菲亚教堂（游）—傲古雅咖啡（食）

终点：
傲古雅咖啡

01 中央大街 >

哈尔滨情调大街

一天必游 二天必游 三天必游 四天必游 五天必游

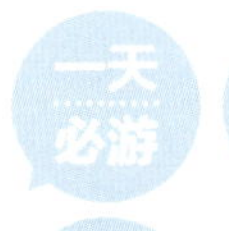

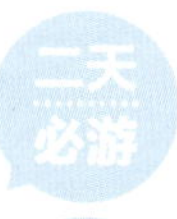

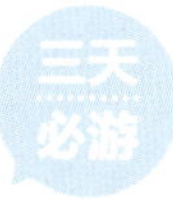

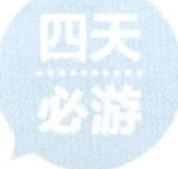

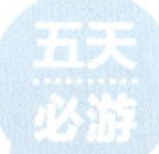

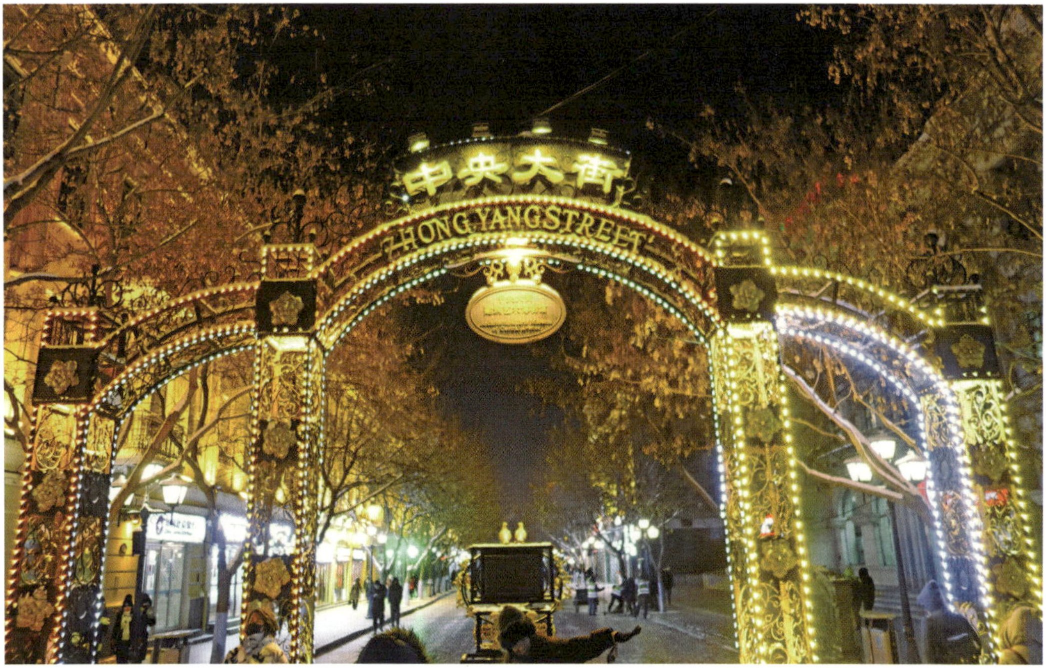

领略哈尔滨的风情，还得从建筑开始。中央大街作为哈尔滨的标志性街道名副其实。

中央大街是一条“老字号”街，被冠以“亚洲最长步行街”的称号，也是哈尔滨市容市貌中最具特色的街道。中央大街以其独特的欧陆建筑特色引领着哈尔滨的潮流，同时也声情并茂地赞美着哈尔滨的风姿。

中央大街是个老人，已有100多岁。这上百年的历史，从它地面的一块块如俄罗斯面包般的小方石上已得到充分说明。这些长方形的

哈尔滨市道里区
53、113、114、126路公交车到中央大街站下车
全天开放

石头载入过史册，是100多年的“老古董”，然而虽然有着历史故事，但石砖上竟然没有岁月的痕迹。现在的它们看上去依然很时髦。中央大街两侧的建筑是清一色的异域风格，大多为两到三层的小洋楼，房顶各具特色！有的圆顶，有的尖顶，顶上配有西洋雕塑和精细的石膏图案，各类图案张扬有力、清新文艺，看上去不像是一个时期的产物。丰富的图案和各式风格的洋楼把中央大街装扮成了一个建筑艺术群展，文艺复兴式、巴洛克式、哥特式等风格似乎都有寻觅的可能，西方建筑艺术的精华恨不能泼墨于中央大街上。

中央大街的情调想必也是其他城市所不曾具备的。浪漫的欧式文化、手风琴弹奏的悠扬的俄罗斯歌

曲、飘雪的夜空、香气四溢的格瓦斯、北风中的马迭尔等，简直浪漫至极。尤其是在圣诞前夕，中央大街四处响着“驼铃声”，红香醉绿的装饰，闪烁的灯火，让中央大街看起来熠熠生辉，而几处人群的欢笑让晚上 8 点的雪夜不再寂静，此时我在这寒冷的夜中，感受更多的居然是温暖。来来往往的行人似乎也克服了严寒，紧跟着一阵阵街边小吃的香味，吃到停不下嘴。

时代变迁，花团锦簇的休闲小区和异彩纷呈的文化生活，已成为中央大街上一道亮丽的风景线。尽管有着100多年的历史，但越来越多的现代元素正在占领这里，与这里历史悠久的文化融为一体，产生了化学变化，使中央大街不仅没有百年老街百废待兴的衰败，还焕发了新的生机。

相信每一座城市都有那么一条有着厚重历史，而今又最繁华、人流量最大的街道，有备而来也好，随性而至也罢，中央大街白天的多姿和晚上的繁华总会让人体会到与100年前不一样的哈尔滨。

惠鸿

中央金
Jewellery
西八道街
中央金店
中国黄金
CHINA GOLD
Jewellery

02 斯大林公园 >

夹杂着异域风光的公园

一天必游 二天必游 三天必游 四天必游 五天必游

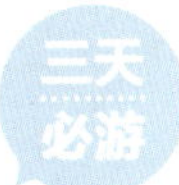

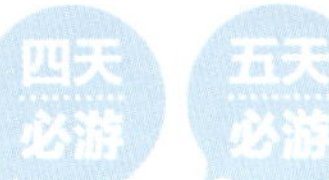

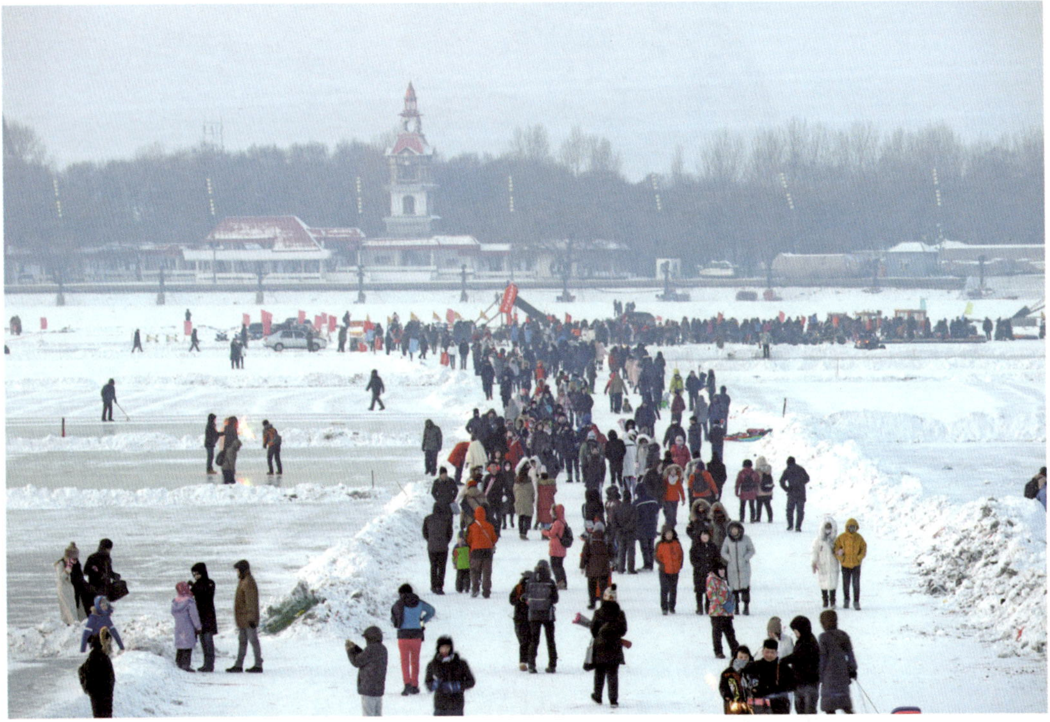

顺着中央大街走到底就是举世闻名的松花江畔，斯大林公园就是这松花江畔的守护者。斯大林公园以其独特的古朴典雅、欧洲园林式风格著称。公园整体是开放式的，顺堤傍水而建，有亭台楼阁的样式，却多了金发碧眼的万种风情。

传说，斯大林公园是由毛泽东主席命名的。当初公园建成后请来了毛泽东主席为其命名，主席当时正要准备到苏联去访问，深感哈尔滨的小俄罗斯风，就将这个公园命名为斯大林公园。

公园内景点遍布，游历之下如果说是一场西式建筑展览也不为过。园内设有仿造俄罗斯古典建筑风格和遍布全园的“五色草花坛”，以及分布在绿地之间的“天鹅展翅”“三少年”“起步”“跳水”“舞剑”等16组艺术雕塑，高低错落、棱角分明、各具特色。《黑三角》《明姑娘》《夜幕下的哈尔滨》《年轮》等影视剧均在此取过景。美轮美奂的20世纪50年代初期的屋脊、五彩缤纷的公园街景在镜头的转换下变得深情而迷离。半卧江堤半面楼，置身于公园的我一时分不清时代和地域，照片中的景色在黄昏的映照下更显古朴，虽是冬天，却有了秋季的美感，或许这就是斯大林公园的魅力所在。

此外，公园的中心坐落着哈尔滨城市的象征——防洪纪念塔。防洪纪念塔在全国来说或许并不少见，但对于哈尔滨人民来说，却意义非凡。1957 年，松花江上游连降暴雨，暴发百年不遇的特大洪水，最高水位达 120 米。当时的中国内忧外患，人们既要保证革命的成果不被敌人破坏，还要积极地进行经济建设。哈尔滨当时是全国的重要工业基地，各种军工、重工项目集中在此，此时的天灾突袭对于哈尔滨来说是一场非常严峻的考验，最终哈尔滨人民齐心协力降服了洪魔，创造了奇迹。为了让子孙后代记住人民和团结的力量，防洪纪念塔于

1958 年落成，屹立至今。塔下是游人流连的地方，江水温柔地迎来送往，和平的天空值得我们每一个人珍惜，愿这一切的美好永远停留在斯大林公园之中，带给我们美的享受和对未来的希望。

夏季，江水送爽，斯大林公园内绿柳成荫，是游人的消暑胜地；冬季，在公园内放眼观赏松花江上的冰雪世界，奇妙无比。

哈尔滨市道里区斯大林街 3 号（近松花江畔）

2、8、12、16、20、23、64、65、79、83、101、102、103、118、201 路公交车到防洪纪念塔或友谊路站下车

全天开放

03 哈尔滨俄侨纪念馆 >

俄餐与尼娜

听说松花江边有一座私人办的俄侨纪念馆，出乎我的意料，这个纪念馆在露西亚西餐厅里。小小的餐厅有着深深的俄罗斯情结，似乎想把百年以前俄罗斯人在中国的传奇向人们慢慢诉说，生怕被今人渐渐遗忘。不管是壁炉的装饰，还是墙面的镜框，都不断地在提醒我们：那些面对苦难而无所畏惧的人们，曾经在冰城留下了他们辛酸却又无悔的汗水、泪水。

餐厅的墙上挂着许多幅镶在黑色镜框里的老照片。照片中的人物几乎都是俄罗斯人，墙角处放着一架老式钢琴，琴盖上放着厚厚的一摞私人日记。这些日记正是哈尔滨最后一名俄侨——尼娜所写，她是俄侨的代表。

我一边用餐一边和餐厅服务员聊起了天。据服务员介绍，露西亚是“Russia”的音译，餐厅的老板与俄侨之间有着深深的缘分。老板的母亲是尼娜生前的好友，而前来光顾本店的俄罗斯人大都是过来凭吊的，因为这里有着故国情结。在服务员的指引下，我看到了餐厅正面墙上的画像，正是老板的母亲，画像不远处摆放着用深褐色镜框封装的普京的一封亲笔信，餐厅里的老式家具都是按俄罗斯人的日常生活习惯摆放的，而这些家具正是尼娜女士生前所用的。据服务员介绍，尼娜临终之前托付露西亚餐厅的老板，希望他不要将自己用过的家具和用具丢弃，因为这些家具是见证哈尔滨俄侨历史的纪念物，希望老板能一直收藏它们。或许是这份情怀打动了老板，后来，老板个人出资又将尼娜生前的一些日用品也买了下来，将这些旧物件摆在餐厅里作为纪念。

旧物件中最引人注目的就是那架老式钢琴，钢琴上摆放着老板亲笔撰写的充满感情色彩的“尼娜生平简历”，长长的简历让我了解了一位孤独而又坚强的俄侨的生命历程，也读到了老板对于这些被抛弃的曾经创造过一个城市辉煌的人们的敬佩。简历上面有一段话深深地打动了我：“尼娜长眠在了我们脚下的这片她同样可称之为故乡的土地上，遵照她的遗嘱，我买下了她家里的破烂什物，钱由澳大利亚的俄侨转交给了她的妹妹丽吉娅。我买下这些东西，只希望做一个小纪念馆。告诉活着的人们，这座亚洲唯一的欧洲样式的城市是如何出现的，这里曾经生活过什么样的人，以及这些人在这里如何度日。”

老板让哈尔滨人领略到了正宗的俄餐，同时又践行着一位普通哈尔滨人对于一段历史的缅怀和传播，以餐厅的形式，以纪念的方式让越来越多的中国人、俄罗斯人走进一段故事，让人心生敬意。我想，在我们读懂一段故事的背后，定会在前进的道路上获得无所畏惧的力量。物是人非，认识了“露西亚”，认识了尼娜，尽管俄侨已经渐行渐远，关于俄侨的故事也正在淡出我们的视野，但我不会忘记在俄侨纪念馆的旅程。

哈尔滨市道里区西头道街 59 号

101、103 路公交车到防洪纪念塔站下车步行约 300 米

10:00—21:00

04 鞑靼清真寺遗址 >

北方地区唯一的鞑靼族清真寺

异域风情集中的哈尔滨也曾是教堂之城，这个面积不大的城市竟然曾存在70多座教堂。东正教、天主教、基督新教、犹太教、伊斯兰教的祈祷声常常混在城市的钟声之中，信徒们在这里涤荡心灵，虔诚忏悔，寄予美好愿望。

位于通江街的鞑靼清真寺遗址是哈尔滨著名的伊斯兰清真寺之一。该清真寺是远东的鞑靼侨民为庆祝鞑靼人皈依伊斯兰教而集资修建的，所以这座清真寺被称为鞑靼清真寺。据说该寺是鞑靼人在远东的唯一遗迹，也是北方地区唯一的鞑靼族清真寺。因最初的教徒中多有土耳其人，又称土耳其清真寺。该清真寺始建于1901年，建筑面积300平方米，通高约30米，整个建筑呈方形，风格源于阿拉伯，又有拜占庭遗风。清真寺是5层的塔楼，建筑为立面对称的砖石结构，

哈尔滨市道里区通江街108号(近国宾饭店)
101、103、118路公交车到中国人寿保险公司站下车步行约700米
全天开放

拥有绿色的穹顶，墙体为红白相间，窗户为拱形的高开窗，挺拔高耸的宣礼塔衬托着两侧对称的圆顶，里外都充满着庄严肃穆的宗教气氛。

鞑靼清真寺因造型独特，又坐落在居民区内，十分吸引人们的眼球。目前这座清真寺遗址只能从外往里看，不能踏足寺内，它存在的目的是想让更多的人了解这座清真寺的故事。从寺外仰视鞑靼清真寺，仿佛一座神秘的小城堡矗立在眼前。如果在傍晚经过，会有一种很古朴的感觉，尤其在冬天，这种感觉夹杂在寒意中间更显强烈。寒风一阵阵吹过，像是要把清真寺处处都留有的斑驳痕迹吹散开去。透过模糊的玻璃窗向里张望，里面空荡无声，很是安静。与周边的居民聊天，大家早已习惯了，每天问的人多，杂七杂八评论的人也不少，但对于在这里生活的人来说，已习惯了这清心寡言的老建筑的陪伴，一天要没有人来人往，他倒不习惯了！

站在树荫掩映下的清真寺遗址前，想象当年望月楼上穆斯林们礼拜的声音，相信这肃静的礼拜堂里也曾经寄托了人们的信念和依靠。曲终总会人散，重要的是过程。鞑靼清真寺在它存在的时空里，发挥了宗教的力量，便是它存在的意义，这种意义和价值并不会随着它的作用消失而改变。

05 圣·索菲亚教堂 >

完美的拜占庭式建筑

一天必游 二天必游 三天必游 四天必游 五天必游

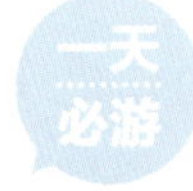

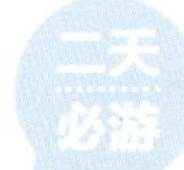

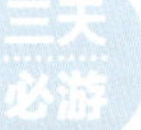

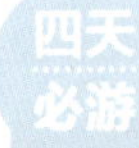

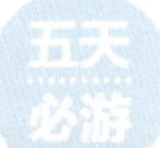

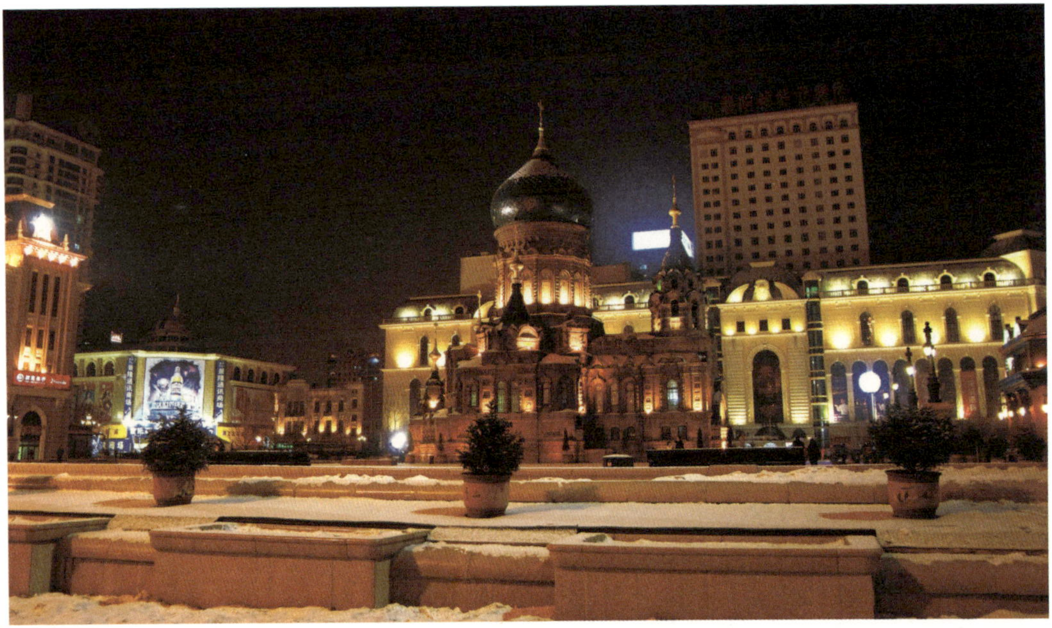

圣·索菲亚教堂是哈尔滨宗教建筑的又一代表。和一些小的教堂相比，圣·索菲亚教堂可谓是四海皆知的大教堂，是远东地区最大的东正教堂，也是目前中国保存最完好的拜占庭风格的建筑。

圣·索菲亚在希腊语中是上帝的智慧之意，这座教堂始建于1907年，当年是一座木结构随军教堂，在战争纷乱的年代，教堂承担着治疗伤病员和充当学堂的重要作用。1923年为了适应东正教徒的急剧增加而重新兴建，历时9年，于1932年竣工。

教堂是由俄罗斯设计师设计的，墙体全部采用清水红砖，雄伟宽敞。教堂的上面冠以巨大饱满的大穹顶，像一位威风的将军骑在高大的马背之上统率着周边 4 个大小不同的帐篷顶，主次分明。4 个楼层之间均有楼梯相连，前后左右有 4 个门出入，正门的顶部为钟楼，7 座铜制的乐钟恰好是 7 个音符，通体的皇家气派！

不管是白天，还是夜晚，圣·索菲亚教堂都十分壮观！尤其在雪天的夜晚，深色的墙体被积雪覆盖，当昏黄的灯光亮起，整个教堂就犹如矗立在繁华都市的一抹亮色，近百年的宏伟建筑，在黑夜中显得更加古朴典雅，充满迷人的色彩。

雄伟壮美的圣·索菲亚教堂，除了美，还是一本关于哈尔滨历史的教科书。在宗教的寓意之上，教堂展现的还有其博物馆功能，这在全国来说也算是一种特色，至少我已忘记它是一座教堂！圣·索菲亚教堂内设有哈尔滨市建筑艺术馆，展出了哈尔滨发展史上珍贵的踪迹和照片。这些照片记录了哈尔滨的前世和今生，各种心路历程、人间百态都在这些照片中展现了出来。据说这些照片在哈尔滨博物馆都没有备份，因此算是教堂里独一无二的珍贵藏品。

圣·索菲亚教堂是一个极具代入感的地方，它的年代感和拜占庭

风格的建筑直接将我带入了震撼的圣地。不管是建筑还是内部的文化内涵，都让我深深地体会到宗教当中的哲学和科学，也正因为这样的代入感，让我对宗教的智慧又多了一份敬畏之心。或许教堂也可以作为城市的另一种解释，也未为不可！

哈尔滨市道里区透笼街 88 号
1、5、20、61、113、114、206 路等公交车到兆麟街站下车后步行可达
8:30—17:00（16:45 停止售票）
0451-84686904

曼哈頓大酒店

06 | 傲古雅咖啡 >

开在老教堂里的咖啡馆

泡吧似乎已成为文艺青年的一种生活方式！哈尔滨有一种说法，如果没有在傲古雅咖啡留下过照片，就不足以说明自己是文艺青年！如此豪放的挑战，让我不得不迎接。

一个坐落在有着将近100年历史的老教堂里的咖啡馆，这本身就有着神秘的色彩。宗教教堂独有的琉璃花窗，高耸的雕着花纹的柱子，配着幽暗的灯光，不在深处却似在深处，随便一坐便不想离开，静默与热闹的共鸣和微妙的怀旧感相互交错，一杯白水也会给我带来穿越历史的怀想。靠着复式的廊台，点了杯老板亲自推荐的手工咖啡，看着这老教堂的窗子和门，思绪漫无边际地游走，在这个漂亮得令人窒息的咖啡馆里我却湿润了眼眶。是感动，还是在这适当

哈尔滨市道里区红专80号，红专街与通江街交口

2、13、15、47、114、126路公交车到通江街站下车，67路公交车到红专街站下车

10:00—24:00

0451-84644900

的时间想起一些人一些事，我也说不清楚。

从我的思绪回到傲古雅咖啡。这里的确是文艺青年的天下，鲜花、水果、咖啡相伴，独立的空间，深陷在沙发里的身躯；幽暗的灯光下，红酒、啤酒、饮料、熟食在空荡荡的老教堂里发出无尽的感慨。这个咖啡馆出现在无数人的镜头里，而这里似乎还留有当年犹太人漂泊异乡的沧桑，这种感觉来自于建筑风格的本身和它的岁月积淀。古典的、现代的、高贵的、清雅的、简朴的幽静气质混合在空气中，仿佛带我穿越了时间与空间的隧道。

傲古雅咖啡本质上是恬静的，在哈尔滨各类咖啡馆如雨后春笋般冒出的时代，它依旧保持自己原有的风貌，很多人都在傲古雅咖啡里找到过老哈尔滨的影子。既然老哈尔滨的样子几乎无从考证，那就让这一刻与傲古雅咖啡的相遇留作对老哈尔滨的记忆吧，任世事变迁，愿这份傲古雅咖啡的美和这个冬天的记忆永远绽放在心里。

漫步在松花江畔

每一座城市都有不同的特色与情怀，在哈尔滨这座城市保留下来的斑驳的百年建筑里，有着市井的嘈杂，也有着生活最真实的模样。

散落在老街里的时光印记

哈尔滨之旅一直都在穿越。一会儿是民国时期的战火和硝烟，一会儿在清代的府邸朝堂中穿梭，一会儿又遇见异域风情的建筑，多姿多彩的变幻，像镜头的切换，这个城市让我感觉到更多的是外来的文化。哈尔滨似乎是外国人与中国人共同建设的产物，而受外来文化的影响似乎又要远远地超出本土文化，而恰恰是这种文化，又让它与大部分的北国和南国城市有着明显的不同。当然，最惊艳的其实还是在这踏雪的日子里。清晨的雪，傍晚的雪，夜晚的雪都透着不同的美，这里的一切都裹上了银装，天地清静，幽雅恬美。雪花纷纷扬扬地从空中飘落下来，轻轻的，柔柔的，纯净着这个世界，哈尔滨在用它独特的方式吸引着我。

似乎每一年的冬天，哈尔滨人都愿意蜷缩在自己温暖的小屋里，听着美妙的音乐，喝着热气腾腾的茶，读着喜欢的书，看着窗外滑过的风雪。此刻的寒冷尚不算最为刺骨，而残叶却已飘摇欲坠，我却爱上了哈尔滨的冬天。我也愿就这样栖身在自己的城堡中，静静地看岁月年华如水流逝。

不知道哈尔滨的冬天是否会有岁月的痕迹，我将继续感悟这严寒中的哈尔滨！

03 天主堂
02 道台府
01 靖宇公园
04 太阳岛
06 东北抗日联军纪念园
05 松花江观光索道
北新街
大新街
友谊路
太阳大道
通江街
尚志大街
一面街
南极街
经纬街
07 华梅西餐厅（中央大街店）
08 芭米莉西点店（中央大街店）
杨靖宇将军
1905—1940

靖宇公园

芭米莉西点店
（中央大街店）

起始地：
靖宇公园

路线：
靖宇公园（游）—道台府（游）—天主堂（游）—太阳岛（游）—松花江观光索道（游）—东北抗日联军纪念园（游）—华梅西餐厅（中央大街店）（食）—芭米莉西点店（中央大街店）（食）

终点：
芭米莉西点店（中央大街店）

01 | 靖宇公园 >

纪念抗日英雄杨靖宇

哈尔滨市道外区二十道街辅路北十二道街 136 号
108、120 路公交车到靖宇二十道街站下车步行约 600 米，109 路公交车到道外十八道街站下车步行约 800 米
全天开放

一段岁月，波澜壮阔，刻骨铭心；一种精神，穿越历史，辉映未来。东北的抗日史深入人心。为寻找抗日英雄杨靖宇，重温当年的抗日英雄事迹，我来到靖宇公园。冬日里的哈尔滨，晨练的人们似乎并不慵懒，早上 8 点靖宇公园已响起了曼妙的音乐，都说东北人喜欢扭秧歌，可哈尔滨却与众不同。公园里舒缓的节奏与这个冬天温暖的阳光配合得恰到好处。

我怀着对杨靖宇的崇敬之心进入公园。高大的杨靖宇将军雕像首先映入眼帘，青石雕像展现着英雄的英姿。关于这位抗日民族英雄吃草根、树皮充饥，与日本侵略者顽强抗争的故事流传已久。公园内的石刻上写着关于这位英雄的故事：1940 年是这位英雄生命的最后旅程，他率领东北军民与日寇血战于白山黑水之间，在冰天雪地，弹尽粮绝的紧急情况下，最后孤身一人与大量日寇周旋战斗数昼夜后壮烈牺牲。看到这段介绍，再看雕像上杨靖宇将军那种视死如归、大义凛然、保家卫国的英雄气概，他那魂断山河的精神在这个冬天的清晨感染着我。英雄之所以被称为英雄，是因为他们为了自己的理想和信念可以忍常人所不能忍之苦。

靖宇公园内种有松树、丁香、杨树、樱桃等植物，在继承古典园林优秀传统的基础之上，又结合了欧洲园林艺术手法，营造出古朴、自然的景观。景区分为4个区：纪念性景区、健身性景区、娱乐性景区和休闲性景区。纪念性景区由靖宇广场、和平广场、兴安小筑、白桦林等组成。健身性景区由“五环健身”“闻鸡起舞”“别有洞天”“其乐无穷”等景点组成。而娱乐性景区则由“梨园风情”、露天舞池等组成。休闲性景区主要由鸟语林、年轮广场及园内的花船等休闲设施组成。

靖宇公园是一个充满抗日情怀的地方，作为清晨的灵魂之旅非常值得推荐。

02 道台府 >

中国封建王朝建立的最后一个传统式衙门

走过抗日的伟大时代，又来到清代。道台府是哈尔滨由古至今的最高行政机构，没有理由不去游览一番。

道台府是哈尔滨少见的府衙，这种只有在苏州、扬州等南方城市才有的清代建筑，可谓是哈尔滨除去欧陆风情之外的又一特色。说起哈尔滨的建筑风格，通常是大气的、洋气十足的异域风情，中国风似乎在这里并不多见，或许因为少见，来道台府的人也不多。古迹对于这个百年新兴的城市来说，也是稀罕之物。

清晨雪景之下的道台府很安静。此时，在这宽门之下出现一串长长的足印，一片宁静被人们轻松地打破。

道台府，即哈尔滨关道，也叫滨江关道衙门，是哈尔滨当时最高级别行政机构，清王朝结束，这个行政机构也随之消亡，是中国在封建王朝建立的最后一个传统式衙门。

哈尔滨市道外区北新街69号

109路公交车到道外十六道街站下车步行约400米，120路公交车到松浦大桥站下车步行约200米

9:30—16:00

道台府宅在经历了上百年的洗礼之后，至今仍保存完好，有着中国传统建筑与北方建筑的混合之感，同时又遵循封建礼仪，呈对称布局：左文右武，前衙后寝。第一进的院子铺着塑胶和草皮，像是防寒之用，大门是道台府中最为雄伟的一座门，立于两层三级台阶之上，青墙灰瓦，两侧各设石狮一尊，威严庄重。大门两侧有东西两个角门，东角门叫入门，也叫喜门，是供道台平时出入的；西角门叫鬼门，也叫绝门，通常是关闭不开的，只有在提审犯人时才打开。由此入内，自然要走喜门，沾沾官运。道台府内有照壁、大门、仪门、大堂、二堂、宅门、三堂、衙神庙、书房、厨房、戈什房、杂项人房、冰窖、督捕厅、洪善驿、会华官厅、会洋官厅、车棚、马厩、茶房、粮仓等可供参观。整个建筑群体错落有致，雪景之下府宅更显磅礴大气。

当花繁叶茂变成疏林如画，当鱼戏莲间变成皑皑雪景，这样的道台府也是令人无法拒绝的。冬雪的早上，在府内转上一圈，人少景安，自有另一番美。

03 天主堂 >

一座有着神性之美的教堂

二天必游 三天必游 四天必游 五天必游

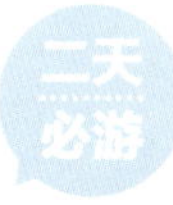

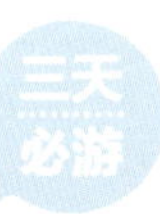

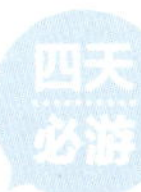

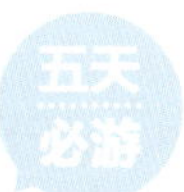

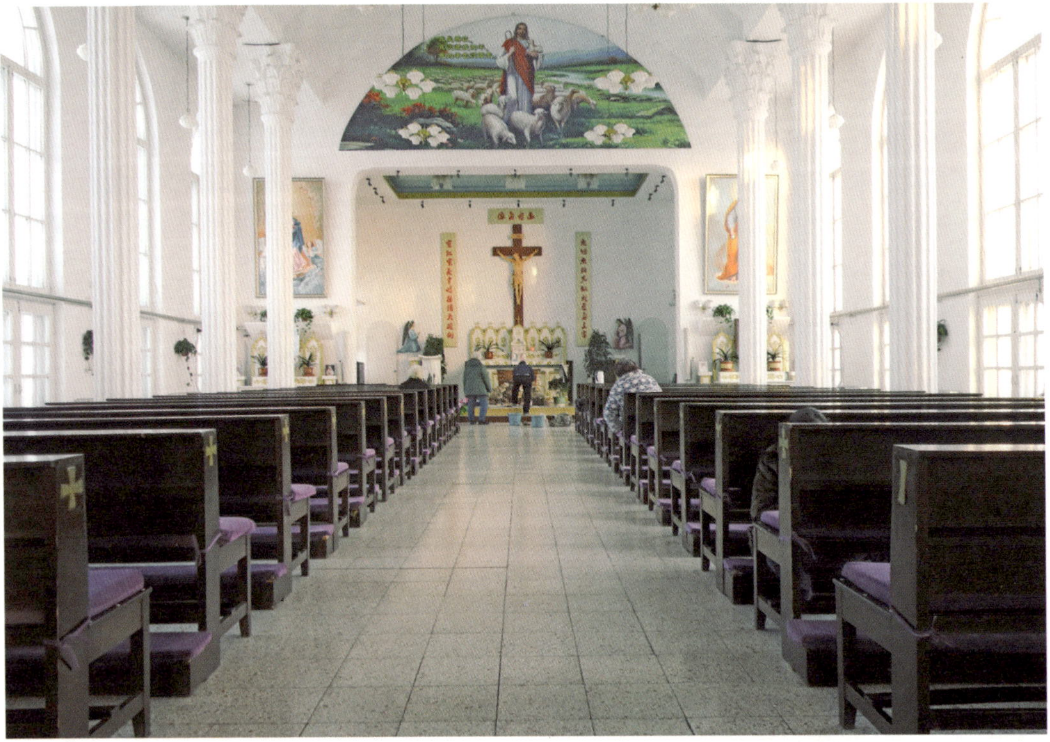

领略了圣·索菲亚教堂的美，又见一座有着神性之美的教堂，这座矗立在松浦大桥旁江畔路上的天主堂也震撼了我。

天主堂高耸入云，大门之上由多个十字架造型的窗户和 3 个拱形的大门分成了多个不同的部分，形成两堂并立又浑然一体的特殊格局。这座天主堂是由建筑师斯米尔诺夫和陶斯他诺夫斯基共同设计的，高大雄伟。

天主堂是日俄战争时期的产物，这座教堂和俄罗斯的古典风格教堂有所不同，有着鲜明的战争色彩。俄罗斯的古典风格教堂建筑是拜

哈尔滨市道外区江畔路 98 号

92、202 路公交车到滨江灯饰城（松浦大桥南）站下车步行 300 米

占庭式的，其造型和风格几乎都以君士坦丁堡圣·索菲亚大教堂为范本。而天主堂墙体用的是鲜红的涂料，高高拔起的钟楼采用帐篷顶冠戴小穹顶结构，使积雪无法存留，后面棱角分明的中厅采用风靡欧洲大陆的洋葱头穹顶结构，形成了尖圆顶高低错落有致的建筑艺术画面，代表了俄罗斯教堂与阿拉伯教堂的建筑思想的结合，这样的结合在国内是不多见的。

天主堂绿色的屋顶，红白相间的墙面砖在阳光的映照下十分典雅。教堂内的祭坛、圆柱上方的 4 幅给门徒讲述教义的圣像和圣母升天、耶稣、若瑟 3 幅画像以及悬挂着的 14 幅苦路像都是早期文化艺术遗产。这些精致的艺术品，令人叹为观止。我的思绪不由得飞向幻想的王国……在教堂里神往，是美好的心灵洗涤。天主堂，请继续你的辉煌。

04 | 太阳岛 >

国内最大的城市沿江生态区

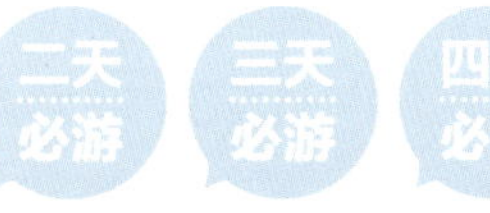

太阳岛的名字是否会让你想起马尔代夫的太阳岛呢？阳光、沙滩、海水才应该是太阳岛的标配吧？的确，这座位于松花江北岸的小岛，对于曾经的哈尔滨就是这样一座充满着阳光热辣味道、迷人沙滩景致的梦幻之岛。

太阳岛面积达 88 平方千米，曾经是松花江上渔民捕鱼、晒网、休憩的地方，俨然一副江南水乡的模样。随着中东铁路的贯通，大批的俄国人来到哈尔滨，他们在这座远东的异国城市停留下来。他们中的商人把目光投向了这座位于松花江边的太阳岛，于是一座座充满异域风情的俄式建筑出现在了太阳岛南岸沿江的绿树掩映间，这里逐渐成为俄侨的避暑胜地。在阳光灿烂的日子里，太阳岛的岸边是成群身着泳装、喝着香槟吃着红肠的俄国人，在他们眼前的松花江上，是摇着舢板、衣衫褴褛的渔民们。

中华人民共和国成立后，太阳岛回到了人民的怀抱，岛上大量种植树木，成了哈尔滨一处有着异域风情的游乐园。岛上郁郁葱葱的白桦林、木质的欧式别墅让人感觉仿佛走进了欧洲的某个乡间小镇。位于岛东侧的东北抗联纪念园是东北最大的抗日教育和纪念基地，修建在密林之中的东北抗联塑像，栩栩如生地展现了当年英雄们策马抗击日本侵略者的飒爽英姿。横跨在松花江上的过江缆车，把太阳岛和南岸紧紧相连，犹如童话城堡的缆车站，在夕阳的余晖下散发着迷人的气息。太阳岛公园，是太阳岛上最主要的景区，这里是孩子们的乐园，节假日里，太阳岛公园人头攒动，笑声连连。哈尔滨极地馆同样是孩子们特别喜欢的一处景点，能够近距离地看到来自极地世界的各种有趣的动物，其中的惊喜是无以言表的。

漫长冬日里的太阳岛，被洁白的冰雪覆盖，清晨雾气缭绕的太阳岛，在日出的晨光里流露出迷人的景象，那些因水气而凝结在枝杈间的树挂，成为太阳岛冬日里最为迷人的一道风景。

哈尔滨市松北区太阳岛风景区警备路 3 号

29、80、85、88 路公交车到太阳岛站下车，防洪纪念塔、九站或道外七道街码头乘坐轮船直达太阳岛

8:00—17:00

0451-88190230

游船码头

05 松花江观光索道 >

黑龙江省唯一的跨江观光索道

冬天的松花江是安静的，阳光照射在江面上，显得格外清幽。不飘雪的日子里，松花江观光索道是从防洪纪念塔前往太阳岛的最优之路。美丽的松花江畔只有这一条索道在江面上飞驰，连接着大江南北。据悉，东北的生态经济圈一直处于建设之中，对于旅游景点的发展远远晚于南方小城。而松花江观光索道的铺设开启了东北跨江索道之先河，目前为止松花江观光索道是黑龙江省唯一的一条跨江观光索道。

松花江观光索道南起通江广场的欧式古堡，北至太阳岛风景区中心地界，全长 1 156 米，行驶时间 6 分钟。索道将斯大林公园、防洪纪念塔、中央大街与江心太阳岛紧密连接在一起，形成了一条特有的旅游观光线路。

索道上的风光在不同的季节表现出不同的特色。江面没有结冰时，松花江像一条美丽的玉带绵延在黑龙江大地，索道上可清楚地鸟瞰到冰城城市风光。尤其是在春夏两季，两岸轻风拂柳，绿意盎然；而冬天的哈尔滨，面对自然的天气，出来旅行要经历不同的考验。下午 4

哈尔滨市道里区通江街 218 号

2、16、112 路公交车到通江湿地公交枢纽站下车步行约 1 000 米

周一至周四 8:30—19:15，周五至周日 8:30—20:15

点的哈尔滨天色就已渐黑，上索道最好的时间是在上午10点左右，在下午2点之前乘索道返回。其间在户外的时间不宜过长，天寒地冻的室外温度非常考验人们的身体素质。

冰雪的季节，乘坐观光索道，江面上常常会有一层雾气弥散在空中，好似薄薄的一层纱笼罩在城市的上空。松花江沿岸的雪景、树木、岩石、屋舍都仿佛披上了一层晶莹的薄衣，山景变成一幅美丽的白色图画，沿路的树木被透明的冰霜包裹，很是有趣。索道内仅有的暖气和窗外的寒气形成鲜明的对比，一边哈气在玻璃上画着十字，一边才能看清窗外的景色。这样的体验也让我对于大自然不得不赞叹。在寒冷的冬天里，哈尔滨人也许会喜欢冰上活动，但一定不会像我这般到处阅寒。若此时能坐在屋内，看雪花飘扬，喝一杯咖啡，反而是一种惬意，就权当在索道的吊箱里享受了这浪漫的时刻吧。

美丽的松花江像时间的使者，托着一块块冰排渐渐停止歌唱。已经是寒风刺骨的冬天，迷人的太阳岛近在咫尺，在松花江观光索道上两岸迷人风光尽收眼底。远处的红日触手可及，在这美丽的午后，松花江观光索道、斯大林公园和太阳岛为冰城的旅行又添上了浓墨重彩的一笔。

06 东北抗日联军纪念园 >

抗联精神永存

“九一八”事变以后，日本帝国主义入侵了我们的东三省，大片秀丽河山相继沦入日军之手。当时的哈尔滨是东北特别区行政长官公署所在地，1932 年 1 月 27 日，日本关东军借口保护侨民出兵哈尔滨。29 日、30 日、31 日在哈尔滨周围地区与吉、黑两省的抗日军发生激战，同年 2 月 5 日日军占领哈尔滨。一直到 1945 年日本投降，哈尔滨才摆脱了沦陷的处境。而这个漫长又残酷的过程中，哈尔滨民众处在日军残暴的法西斯统治之下长达 13 年之久。这 13 年以来哈尔滨人民几乎过的是非人的日子，没有尊严，没有自由，更谈不上人权。前赴后继的战斗英雄们投入到与倭寇的作战之中，他们用鲜血和生命捍卫了国家的主权，他们被永远地记载在了东北的抗日史册之中。东北抗日联军纪念园就是哈尔滨人用自己的方式祭奠我们民族的英雄们，也让我们牢记历史，不辱使命。

哈尔滨市松北区太阳岛风景区内

29、80、85、88 路公交车到太阳岛站下车，防洪纪念塔、九站或道外七道街码头乘坐轮船直达太阳岛

8:00—17:00

东北抗日联军纪念园选择建立在太阳岛的核心区域，占地面积约 36 000 平方米。纪念园由国内抗日研究者与权威专家特别设计，承担着东北最大的抗日教育和纪念基地的任务。

整个纪念园依水而建，以抗联战士群雕、太阳湖和草坪为核心，以起伏的地形、参天的大树、蜿蜒的流水和一盘石磨，为我们展现了白山黑水间的抗日战场。为了让人们更好地记住抗日战争的胜利和屈辱的历史，纪念园内设有 60 米长的巨型浮雕，象征中国人民抗日战争胜利 60 周年；浮雕中的 14 棵苍松，象征了东北抗日联军 14 载抗击日寇的艰苦岁月；东北抗联骑兵马队和湖水的设计，取自著名抗联将领李兆麟和他的战友们创作的《露营之歌》中的诗句——“荒原水畔战马鸣”；草丛中抗联战士和 11 匹骏马组成的马队，象征了东北抗联的 11 路大军；东北抗联将士的帽子上配有五角星以及东北抗联旗帜上的五角星，代表了中国共产党的领导；东北抗联将士大多身穿整齐的军装，表现了东北抗联是一支具有正规军形象的军队；人物中有戴眼镜者，代表抗联中的一批知识分子，寓意东北抗联是一支有文化的军队；有两位女战士，代表抗联中的妇女将士；而纪念园的园铭则记录了东北抗联艰苦卓绝、浴血奋战的光辉历程。

白雪覆盖着纪念园周边的道路，唯有那雕刻着战士们英勇抗战的浮雕墙在雪光中分外鲜红，如鲜血流淌过的浮雕墙把 6 位民族英雄的抗战故事用图画的形式描绘了下来，如电影重放。战士们在抗战中无畏无惧的精神影响着瞻仰的我们，太阳岛上仿佛又响起了战士们的号角和那策马奔腾的身影……

日本的侵略在历史的长河中终归翻过了那一页，但不管是来到东北还是去南京，这种心痛的感觉，在我的内心始终无法消除，勿忘国耻是我对自己的要求。痛苦总会随着时间而消亡，但抗联精神永存！

07 华梅西餐厅（中央大街店）>

正宗奢华俄餐

走了这么多地方，还没有开始正式地品尝哈尔滨的美食。一天在太阳岛上冻了个脸通红，冲着人气就去了华梅西餐厅。不管怎么说，来了哈尔滨这个俄侨寄居的都市，定要吃一次正宗的俄罗斯大餐。

俄餐在初次品尝时会不太适合国人的口味，尤其是爱吃清淡者，会觉得俄餐块头大，太过油腻，口感偏硬。事实上，正宗的俄餐是量大实惠、油大味重，他们喜欢酸、辣、咸，尤其是炸、煎、烤之类的食物，在食物的制作上很是粗糙。但俄餐又偏爱牛肉、羊肉、香肠等食物，这些食物香嫩多汁，味道浓厚，令人爱不释手。

说起哈尔滨正宗的俄式西餐厅，华梅应该算是历史悠久的品牌餐厅，它与上海雅克红房子西餐厅、北京马克西姆餐厅和天津起士林大饭店并称为中国四大西餐厅。如果要讲究性价比，华梅西餐厅实在不属于经济实惠类的，人均消费200元左右，几乎吃不到什么招牌菜。

加之位置在中央大街这样的商业中心，排队等位的人一般也很多，其中也有不少俄罗斯人，在这里用餐要么提前订位，要么就得等上一两个小时。

店里的装修是俄式的高贵风，富丽堂皇。进到大厅，天花板上的水晶吊灯明晃晃的，高灯璀璨，带着俄式的奢华；就餐区光线略暗，讲究情调。精致菜品有红菜汤、罐焖牛肉、罐焖羊肉、罐焖虾仁、奶汁烤桂鱼、软煎马哈鱼、鱼子和俄式沙拉。若吃不惯大列巴千万不要点，不仅价格贵，而且会觉得味道奇怪，配餐的面包不算暄软，但口感很好，当主食吃相当不错。红菜汤酸咸够味，用来泡饭很是开胃，而且可以解油腻。罐焖类的牛肉、羊肉、虾都非常好吃，也是我最满意的菜，虾大，牛肉软烂，羊肉有着自然的肉香，而且分量足，肉质鲜嫩多汁，配上里面的酱汁，特别美味。如果想吃牛排，建议选择黑椒口味，5 分熟，我要了 7 分熟，火候有点老，店里的服务员推荐的 5 分熟最好，而且牛排性价比最高，价格和其他高规格的西餐厅相比还是可以接受的。

华梅西餐厅是哈尔滨俄餐的鼻祖，如果想品尝一下正宗的俄餐，又希望用餐环境比较有情调的话，华梅西餐厅是个不错的选择。

哈尔滨市道里区中央大街 112 号
118、74 路公交车到中国人寿保险公司（道里七道街）站下车步行约 340 米
10:00—21:00
0451-84619818

08 芭米莉西点店（中央大街店）>

创造甜蜜的幸福滋味

哈尔滨的北风刮在脸上有一种刺痛的感觉，近在咫尺的芭米莉西点店成了这寒风中的一股暖流。西点，不管是造型还是口感，无疑都是一种无法抵御的香甜诱惑，每一次的用心烘焙之作，让甜蜜不断延伸，传递给更多人。

芭米莉西点店的老板是一位好学又有着感恩之心的西点师，用他的话说：西点是用千姿百态来描绘五彩的人生。这样高的精神境界，让我向他竖起了大拇指。芭米莉西点店最初只是一个很小的咖啡烘焙工坊，因为老板的好学和坚持才逐渐发展成今天以西点小吃为主营的品牌店。老板对于每一款新产品的推出都会试上几十次，反复研磨，一次又一次地品尝，正是这份认真和责任感让经营 10 多年的芭米莉深

哈尔滨市道里区中央大街 45 号
105、21 路公交车到经纬街站下车步行约 200 米
10:00—20:00
0451-87680788

得冰城老百姓的赞誉，一年四季都有特意前来购买的老哈尔滨人，而老板对于开店的心得只有短短的几个字：做热情的产品！真可谓是一个低调的文艺青年。

的确，散发着浓郁香气的蛋糕和一杯热气腾腾的咖啡，足以让这零下20℃的气温中被冻坏的疲惫顷刻融化。一方难求的独特香浓，在芭米莉西点店透着淡淡的甜蜜，可以瞬间温暖整个冬季，这或许就是作为西点师的魅力所在。

和老板聊起西点，深受启发。西点也是作品，如生命中一切流动的人、事、物一样，随时都在，也可能随时消失。不同西点师做同一款西点，在不同的时间和不同的心情下，口感相差很有可能是极大的。有时一款西点也能品尽人生百态。甜而不腻的西点，让人欢快；苦咖啡制作的布丁或许就带着曲终人散的孤独与心碎；一块简单的提拉米苏或许是一个梦想的追逐；一个蛋挞也许可以扫清孤单无助。一路随行，用心做出来的西点总有对生命的不曾辜负。

由西点引发的人生哲学在这个寒冬里找到了知音般的沟通，遇见芭米莉也遇见了生活，不必太多言语，只需要一个温情的微笑，一份满意的肯定，就是对芭米莉最好的鼓励。

A Century's Journey of Chinese R
Столетняя железная дорога,
которая прошла сквозь трево
百年の苦難を揺られて走り続けてき

哈尔滨的老城岁月

这条线上写满了岁月的沧桑和对历史的回味，各式的建筑、招牌都再现了俄罗斯的风景。

透过博物馆的玻璃窗，你是否听到了喀秋莎的吟唱

哈尔滨是一座俄罗斯人和欧洲人侨居最多的城市，因为历史的原因，哈尔滨的城市文化中充斥着俄式文化和欧式文化，这些文化深度地表现在建筑、美食、服饰和街景之中。哈尔滨这座城市与中国风几乎扯不上什么关系，这里更像是一个东西方结合的产物。行走在哈尔滨的街道上，常常会觉得自己到了俄罗斯或是巴黎，要不是东三省浓重的乡音在耳边响起，差点忘了这里是地道的东北。

教堂是城市里的一道风景线，几乎在每一条线路之中，都会遇到大大小小的教堂。哈尔滨的教堂除了圣·索菲亚教堂之外，就属东正教圣母守护教堂历史最悠久，影响最深远，这与俄式文化在哈尔滨的传播不无关系。这一路是从东正教圣母守护教堂出发，先是领略了教堂的神圣，而后沿着教堂前行，欣赏了百年商业大楼秋林公司，品尝了秋林的食品，然后带着怀旧的心情来到了闻名遐迩的果戈里大街，果戈里大街是这条线路中的精彩和神韵所在。

看过了中东铁路俱乐部旧址（哈尔滨铁路博物馆）的图片展，经过了詹天佑广场，最后将哈尔滨工业大学作为这一天行程的终点。回到校园才似乎找到了人生理想的地方，校园的宁静、大学生们天真的笑脸感染着我。哈尔滨是一个充满才情的地方，有那么多美丽的异域风景，又有举世闻名的大学校园。这个地方还有什么样的才情我还没有领会到呢？此时的我特别期待接下来的旅程。

01 东正教圣母守护教堂

02 秋林公司

03 果戈里大街

04 黑龙江省博物馆

05 中东铁路俱乐部旧址（哈尔滨铁路博物馆）

06 詹天佑广场

07 哈尔滨工业大学

东大直街

花园街

民益街

红军街

果戈里大街

铁路街

西大直街

海城街

中山路

教化桥

秋林公司

哈爾濱

ХАРБИН

果戈里大街

GUOGELI DAJIE

建築館

东正教圣母守护教堂

哈尔滨工业大学

起始地：

东正教圣母守护教堂

路线：

东正教圣母守护教堂（游）—秋林公司（游）—果戈里大街（游）—黑龙江省博物馆（游）—中东铁路俱乐部旧址（哈尔滨铁路博物馆）（游）—詹天佑广场（游）—哈尔滨工业大学（游）

终点：

哈尔滨工业大学

01 | 东正教圣母守护教堂 >

典雅的俄罗斯教堂

哈尔滨是俄国和欧洲侨民留居之最，这些异域国家的侨民带来的是各类宗教的兴起和教堂的兴建，因此哈尔滨也被称为教堂之城。教堂在战争年代一直起着积极的作用，因其带着信仰，又是国外政府主导，因而带着满满的正能量，传教士们曾一度将教堂打造成流落凡间的艺术殿堂。哈尔滨教堂众多，各大教堂都是建筑艺术精品，是这座城市最美的风景线之一。在哈尔滨30多座不同教派的教堂中，有20多座为俄罗斯东正教堂。其中东正教圣母守护教堂历史最久、影响最深远。

东正教圣母守护教堂坐落在市东大直街南侧，现被称为圣母帡幪教堂。教堂始建于1902年，原是东正教的一个墓地教堂，用于祈祷和守护逝去教徒的灵魂，最初时的教徒以乌克兰人为主，也有人将此地

哈尔滨市南岗区东大直街268号

6、10、13、14、31、33、55、73、74、104、115路等公交车到医大一院站下车步行约150米可达

8:00—17:00

称为乌克兰教堂。教堂由俄罗斯著名建筑师尤·彼·日丹诺夫设计，参考了圣·索非亚教堂的穹隆圆顶式的拜占庭式艺术风格，在其木质结构之上又构造了砖石结构，形成砖木结合的仿古风。

教堂在外形上朴实无华，外壁极少有雕饰物，却典雅至极。青色的圆顶，灰色的大门，配以深红色的墙体，如古堡一般庄严神圣。教堂不大，前后全部走完也就十几分钟的时间。但教堂顶上的十字架却很特别。一个大圆顶统率着 4 个小穹顶，大顶上的十字架从远处看犹如架上有一人，顺着阳光的照射，人身更加明显，再加上金色的配色，大风刮起，似乎十字架也跟着旋转起来，这令人生畏的“舞蹈”，让我想起为了信仰而牺牲的人们。

教堂之所以神圣是因为它给人们心灵的慰藉，寄托着对善的判断，对美的向往。在教堂之城行走，所有善良都会围绕着你，再坚硬的心都会变得柔软，再执拗的意识也会被这种神圣所导引。

02 | 秋林公司 >

百年商业，百年建筑

四天
必游

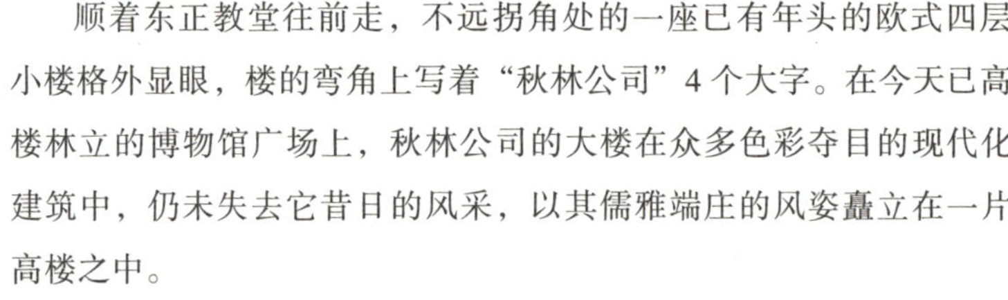

顺着东正教堂往前走，不远拐角处的一座已有年头的欧式四层小楼格外显眼，楼的弯角上写着“秋林公司”4个大字。在今天已高楼林立的博物馆广场上，秋林公司的大楼在众多色彩夺目的现代化建筑中，仍未失去它昔日的风采，以其儒雅端庄的风姿矗立在一片高楼之中。

看到秋林公司深沉的暗绿色调与金色相配，让我想起了浓香的格瓦斯和俄罗斯的大列巴。在来这里之前，我对秋林公司并不太了解，虽然喝了这么久的格瓦斯，却没留意是这家公司的产品，反而是绿色和金色的配色，总感觉似曾相识。记得喝格瓦斯的时候，以为“秋林”二字是格瓦斯的名字的前缀，不来哈尔滨都不知道原来秋林是一个品牌，而且是一家有着传奇故事的知名企业。秋林公司一度是哈尔滨的骄傲，秋林公司的深沉和它的色调一样，低调而奢华，就像秋林公司所做的产品一样，需要三四次的品尝才会爱上它。

著名的哈尔滨红肠就来自秋林公司，也是到了哈尔滨必尝的小吃之一，秋林的红肠正宗又纯粹，在大楼一层就可以购买。

秋林公司于1867年创建，已有上百年的沉淀。而公司的大楼也是最初的模样，优雅的装饰、精美的穹顶造型让公司的大楼显得超凡脱俗。大大的穹顶很像俄式战盔，威武神气，呈闪耀的银灰色，当残雪覆盖在顶部，周边刻画的丰富的线脚和花环状浮雕花纹形态优美饱满，似乎正以其骄人之姿傲视着世界。

坐在这样一座古朴风格的办公大楼里，感觉时间是停滞的。如果镜头切换到20世纪之初，这座大楼想必也是坐着无数的白领，他们曾经在楼里创造了企业的无数辉煌历史。今天能在这座大楼里办公的人是多么幸运，可以秉承百年文化历史，又能见证老楼的风采。

历史的车轮滑过的那一面总有一些艺术性，秋林公司的大楼就是这样一座有着艺术气质又承载着历史的办公之所。哈尔滨风光无限，对建筑物的领略绝不止一座秋林公司！

哈尔滨市南岗区东大直街319号（近秋林国际购物中心）
6、7、13、89路公交车到秋林公司站下车步行约200米
商场开放时间 9:00—21:00

03 果戈里大街 >

一条莫斯科的普通街道

果戈里大街与中央大街齐名，都是哈尔滨的知名老字号街道。看到秋林公司其实就到了果戈里大街。秋林公司与果戈里大街有着紧密的联系。据悉，果戈里大街建于 1901 年，早在 20 世纪初，随着中东铁路的修建和在南岗区大直街与果戈里大街交会处的秋林公司的商贸发展，围绕着秋林公司周边，大量的俄国人商号、药店兴起，商贸林立，人潮汹涌，形成了果戈里大街繁荣的雏形。

果戈里大街是老城的味道，可能因为是冬天，街上没有那么多游客，显得格外安静。安静与古老的结合，折射出这条大街的韵味。据俄侨介绍，果戈里大街让很多俄罗斯人觉得犹如回到莫斯科，除了中文的招牌和路上的行人，这里就是一条莫斯科的普通街道。走完果戈里大街，我权当去了一趟莫斯科。

原本以为果戈里大街会像上海的南京路那么繁华，事实上，这里只有街旁的建筑在巡视着繁华，商业的奋起在果戈里大街上居然看不到太多的痕迹。也庆幸，这条老街并没有被商贩们改变它的底蕴，果戈里大街仍是俄罗斯的后花园。

雪后的果戈里大街白茫茫的一片。果戈里书店是大街上不得不道的奇遇！果戈里书店被誉为中国最美书店之一，位于果戈里大街 164 号。踏入书店的那一刻，才算正式深入哈尔滨这座城。书店中混合着书香与咖啡香，古典的书架、欧式五彩玻璃的窗户及走廊的穹顶装饰透着欧洲新古典主义风格；读书少女主题雕塑、哈尔滨欧式建筑老照片群、俄罗斯当代画家的油画作品与书店内的众多欧洲元素仿佛让人回到了 20 世纪的欧洲古堡，配上这寒冷中的篝火，让我想起《当你老了》这首歌。“当你老了，有些累了，炉火旁打盹，回忆青春……”果戈里书店，就是那年迈打盹、回忆青春的上好之地。若说心境摇曳不可读书，功利浮躁不可读书，灵魂纷乱不可读书。但若步入了果戈里书店，我只想安安静静地读书、打盹。

果戈里大街并不繁华，果戈里大街并不惊艳，但我喜欢这条街！

哈尔滨市南岗区果戈里大街
103、101、28 路公交车到文昌街站下车步行约 700 米；7、8、17、18、62、63、87、109、121、202 路公交车到革新街站下车步行约 200 米
全天开放

VISITOR CENTER
哈尔滨游客服
中心
西七道街

04 黑龙江省博物馆 >

一座文物大楼

四天必游 五天必游

顺着果戈里大街一路向前，就可以看到黑龙江省博物馆。黑龙江省博物馆并没有文物展，因为省博物馆建筑物本身就是文物。这座文物式的建筑要比省博物馆的内容更吸引人的眼球。

黑龙江省博物馆建筑大楼，原名莫斯科商场，始建于 1906 年，是一座有着百年风光历史的建筑物，也是哈尔滨最早的商场之一。主楼是一座欧洲巴洛克式建筑，红黄相间的外墙，3 个拱形的扇形门支撑着楼宇中间，古典的造型丰富了建筑的艺术感，现为国家一级保护建筑。站在这座大楼前，我想，这就是哈尔滨现成的文物，它早已成为城市的一部分和人们生活的一部分。

黑龙江省博物馆和其他省级博物馆相比，规模不算大，但是来参观的人很多。博物馆分为自然和历史两部分。自然的那部分小而精，吸引力不大，历史部分很有特色。展厅表面上看起来很普通，但黑龙江省博物馆却是国内首家俄侨博物馆。这与哈尔滨的中东铁路修筑和俄侨移居历史不无关系，俄侨是哈尔滨建设当中重中之重的部分。俄侨博物馆内有专题展览，分为“建筑师巴吉赤与哈尔滨”“俄罗斯音乐与哈尔滨”两个展厅共 6 个单元。都说哈尔滨是国际之城、教堂之城，而黑龙江省博物馆又让我看到了哈尔滨音乐之城的一面，深深地感受到俄罗斯与哈尔滨相伴成长的百年历史文化。

此外，黑龙江省博物馆也展出了教堂模型和抗战历史，教堂模型是俄式风情的大沙盘，而抗战历史则让人心情沉重。几张照片就让我足够触动，那段东北抗战历史，或许因为年代接近，或许因为日本帝国主义的侵害尚未平复，我的内心几度都难以平静。

黑龙江省博物馆的参观结束了，而我们对美好生活的向往则刚刚开始。

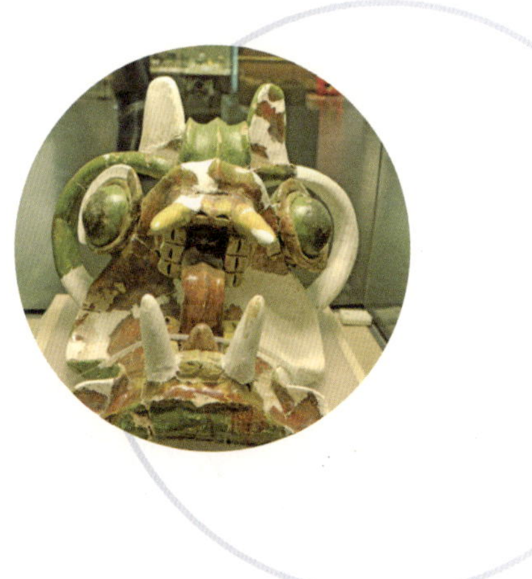

哈尔滨市南岗区红军街 50 号
2、2 空调、6、7、8、13、13 区间、14、14 空调、16、18、21、28、32、33、64、74、89、92、94、101、103、108、109、115、119、888、夜 1 路等公交车到博物馆站下车可达
4 月 1 日至 10 月 7 日 9:00—17:00，10 月 8 日至次年 3 月 31 日 9:00—16:00

05 中东铁路俱乐部旧址（哈尔滨铁路博物馆）>

曾经带给铁路人欢乐的地方

一条中东铁路，一部厚重的历史书，构成了一座铁路博物馆。中东铁路俱乐部旧址（哈尔滨铁路博物馆）写下了中东铁路的历史，也载入了哈尔滨发展史。这是一个记载着无数历史重大事件，承载着厚重历史文化的欧式古典建筑。

哈尔滨中东铁路俱乐部旧址位于南岗区西大直街86号，始建于1903年，为哈尔滨一类保护建筑。中东铁路俱乐部旧址一路走来，经历了多次变革和更名。究其历史，要从沙俄兴建中东铁路开始讲述。1896年沙俄与清朝签订了《中俄密约》，开启了沙俄在黑龙江、吉林兴建中东铁路的历史，1898年沙俄将原设于海参崴的铁路工程局迁至哈尔滨，1903年在大直街上兴建中东铁路管理局和中东铁路俱乐部。1935年，日本占领中东铁路后，将俱乐部改名为厚生会馆。1936年中东铁路公司督办霍尔瓦特的夫人，以特殊的身份在这里开办了华俄栖流所，一时间这里成为流放者的“天堂”。1945年俱乐部成为苏联红军会馆，后几经易名，如中长铁路中央文化馆等。1956年，俱乐部改

哈尔滨市南岗区西大直街86号
11路公交车到哈铁路局站下车，81路公交车到哈工大站下车步行约200米
8:00—17:00

为哈尔滨市铁路文化宫，而今天它又有了一个新名字——哈尔滨铁路博物馆。

中东铁路俱乐部旧址设计师为康·赫·德尼索夫，真正落成是在 1911 年。地上二层，地下一层，整体风格是仿莫斯科大剧院。建筑以磨光块石砌筑基座，主入口并不设在建筑中心段，而设在左侧，这算是一个特色。而正立面中间 4 根爱奥尼式壁柱挺拔高耸，让建筑的辨识度有所提升。不用走近便知道这个建筑是一个有故事的地方，让人忍不住停留。

中东铁路俱乐部的兴建是为给中东铁路的高级官员们提供一个休闲娱乐的场所，在那个年代，也是一个内部的交际所。俱乐部有剧场、音乐厅、舞厅、台球厅和餐饮区域，展示了当年人们的娱乐方式。旧址的后院有木制的凉亭和一个半球形的露天剧场，这个半球形的露天剧场在当年给众多的铁路职工带去了欢笑和生活的乐趣，被铁路职工亲切地称为“半拉瓢”。别小看这个半球形的造型，它可是设计师精心打造的，合理地利用了声学原理，是天然的扬声器，台上唱歌、讲演不用麦克风也可以有剧场效果。可惜这样的发明在“文化大革命”期间被毁坏。

如今旧址已变为铁路博物馆，内有大型铁路主题展，每个主题都是对百年哈尔滨铁路发展史的回顾与展示，让人见识到哈尔滨铁路人的百年沧桑。这座旧址留下的欢笑的片段让我浮想联翩，但愿那些已消失的铁路职工们曾经在这里度过了人生中最为开心的时光。

06 詹天佑广场 >

关于铁路故事的大型展览

詹天佑广场坐落于哈尔滨市南岗区西大直街与复兴街交口处，是哈尔滨首个铁路主题广场。可想而知，一条中东铁路对于哈尔滨而言意义非常重大。一条铁路，连接着国内外，连接着中俄人民，也连接着哈尔滨的发展。如果说当年的哈尔滨没有这条铁路，或许可以改变东三省的命运，如果说命运是上帝的安排，那么这条铁路就是当年哈尔滨人命运的转折点，是好是坏，至今也无法说清。

哈尔滨市南岗区西大直街与复兴街交口处
98、94、64 路公交车到哈尔滨工业大学站下车步行约 680 米
全天开放

詹天佑广场很大，入口处的主标识为新时期铁路路徽，各种旧式的火车头按照时间顺序与火车轨道共同铺设于此地。要说广场是一个新颖的户外铁路博物馆我觉得更为形象。一场雪之后，广场的轨道上铺了一层白霜，冰凌在阳光下闪闪发光，火车头上盖着白纱，“曼妙的身段”配以红绿的油漆，更加鲜亮有趣。广场正中间立有詹天佑的

铜像，铜像前方两侧为白色浮雕墙，周围安放了“解放 1 型”蒸汽机车、“满铁”绿皮车辆、20 世纪 70 年代的水鹤、老式臂板信号机等老物件，并复原了 20 世纪 30 年代老哈尔滨站月台的场景。登上车厢，可以看到当年的油画复制品，坐一坐老式的卧铺，一次穿越之旅不期而至，如果此时配有火车的鸣笛声会更有感觉。

詹天佑是我国首位铁路工程师，他在哈尔滨工作时间不长，却把生命留在了哈尔滨。他的爱国主义精神和认真踏实的工作作风，也永远留在了哈尔滨。哈尔滨人之所以把铁路广场以詹天佑命名，就是为纪念这位满怀爱国激情，不辞艰辛把毕生精力和智慧奉献给中国铁路事业的工程师。

徜徉在詹天佑广场，是对中国铁路建设和争取路权所创造的业绩的回顾。回头仰望詹天佑铜像，如果他知道今天中国铁路事业已从原来的铁皮火车发展到了高速磁悬浮列车，他又会有怎样的感慨？中国的铁路事业如果没有这些工程师们的贡献，又怎会有今天的成绩。

522

07 | 哈尔滨工业大学 >

一所质朴而认真的大学

哈尔滨最有名气的大学应该是哈尔滨工业大学，这所学校曾培育了第一批航天及工业人才。我曾经的一位老师就是哈工大毕业的，他曾参与了“蘑菇云”的实验。我对哈尔滨工业大学的最早的认识也是来自这位老师的宣讲。记得第一次听他说起哈工大时，就被他对学校的崇敬之情所感染，他感怀母校学风、教风为自己的青春年华奠定了成才的基础。在他眼里，哈工大人质朴而认真，为了一个科研成果可以日夜不休，为了一个小小的问题可以争到面红耳赤……这次来到哈尔滨，哈工大也是计划中的必去之处。

与哈尔滨这座城市的异域风情相比，简朴的校门和简洁的字体，让哈工大有了20世纪50年代中国建设的特色，有我大东北的味道。在哈尔滨工业大学悠久的教育史中，有多少教育家们为之奋斗；在那绵绵的山坡之上，有多少学者在不断攀登高峰；在那厚厚的书卷中，又有多少才子佳人留下了一段又一段广为流传的故事。

校园内到处可以看到体现哈工大精神的校训——铭记责任，竭诚奉献；求真务实，崇尚科学；海纳百川，协作攻关；自强不息，开拓创新。正是这些校训让哈工大师生们在多年来取得了优异的成绩。对哈工大的好感，不光是来自学校自身的名气，更多的是学校所体现出来的责任感。学校内的学生没有傲骄，只有单纯的热情和认真，技术范儿十足。让我不得不相信，在哈工大这所校园里将会人才辈出。

我不敢在校园里待太久，生怕打扰了莘莘学子。当一群群学生捧着书本从教学楼信步走来之时，我也好想回到学生时代……

哈尔滨市南岗区西大直街92号
107路、110路环线公交车到哈工大站下车步行约400米
全天开放

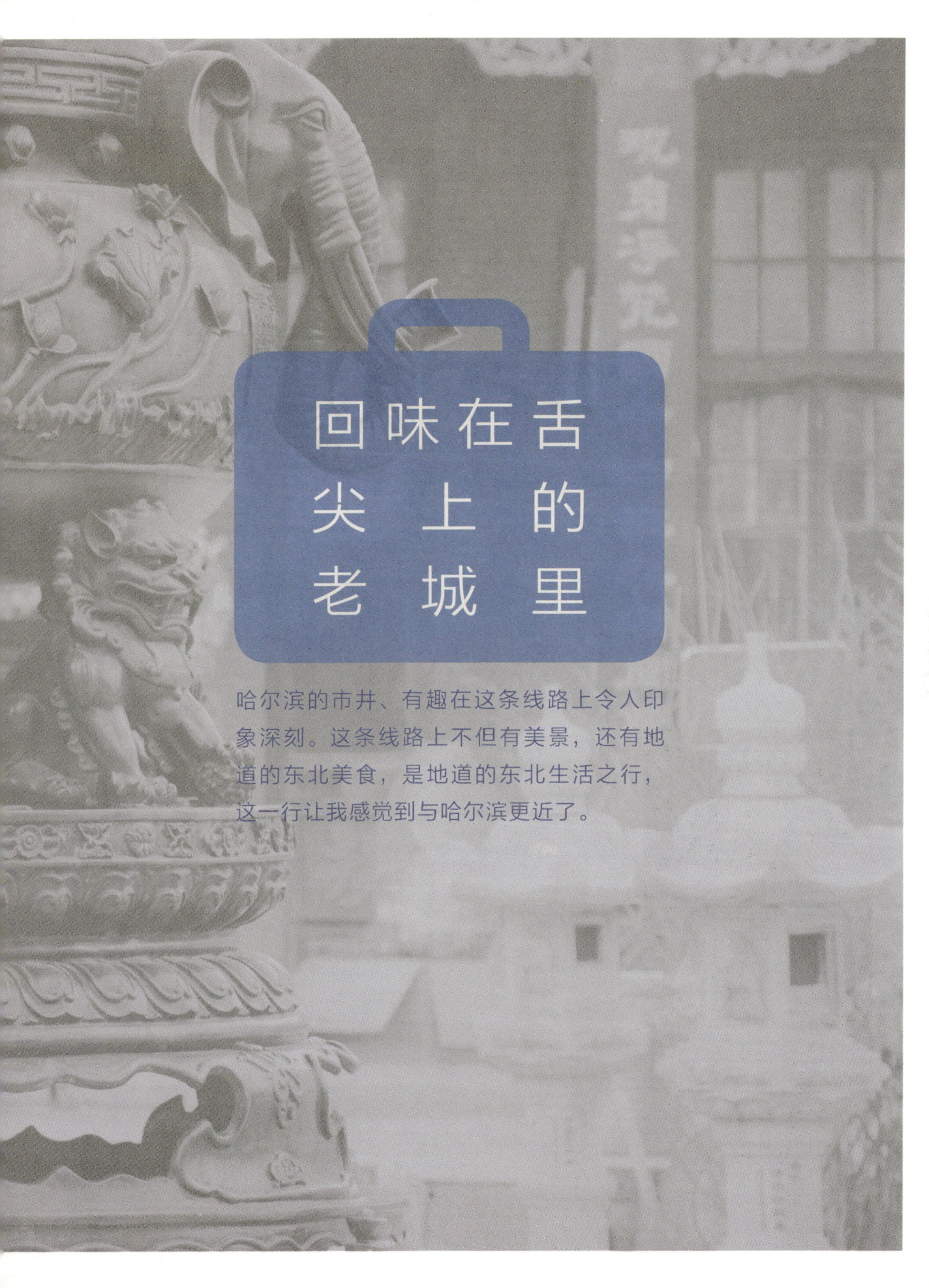

回味在舌尖上的老城里

哈尔滨的市井、有趣在这条线路上令人印象深刻。这条线路上不但有美景，还有地道的东北美食，是地道的东北生活之行，这一行让我感觉到与哈尔滨更近了。

属于老城哈尔滨自己的味道

寻思了很久，要如何才能深入地了解哈尔滨，然后就有了这条线路。道外区、道里区、南岗区的风景走了一次又一次，却都觉得还不够了解哈尔滨。难道哈尔滨除了异域风情，就没有别的了吗？还有什么是属于哈尔滨生活独有的面貌呢？因而决定继续找寻除了异域文化之外的属于哈尔滨特色的艺术文化。

这一路是寻找更真实的哈尔滨。老道外就是这个真实中的写照。老道外的一天是哈尔滨人日常生活的一天，这里不管是过去还是现在都是属于中国东北人的，道里区、南岗区的异域风情到了道外就是中西合璧。老道外的建筑是仿版的中式小洋楼，这些建筑特色体现出了中国人的智慧，我们的老祖宗也是学无止境，把洋楼与中式建筑的优点结合起来，混搭出另一个世界。

到了道外区，与哈尔滨的美食就更接近了，这里的美食有老鼎丰的糕点、范记永的饺子、张包铺的包子等，这些都是哈尔滨的老字号，是地道哈尔滨美味的得意口味。

谁说哈尔滨不东北，不到道外区又岂能感觉到真实的哈尔滨，除了冰雪的世界，哈尔滨的道外有它另外的一面。

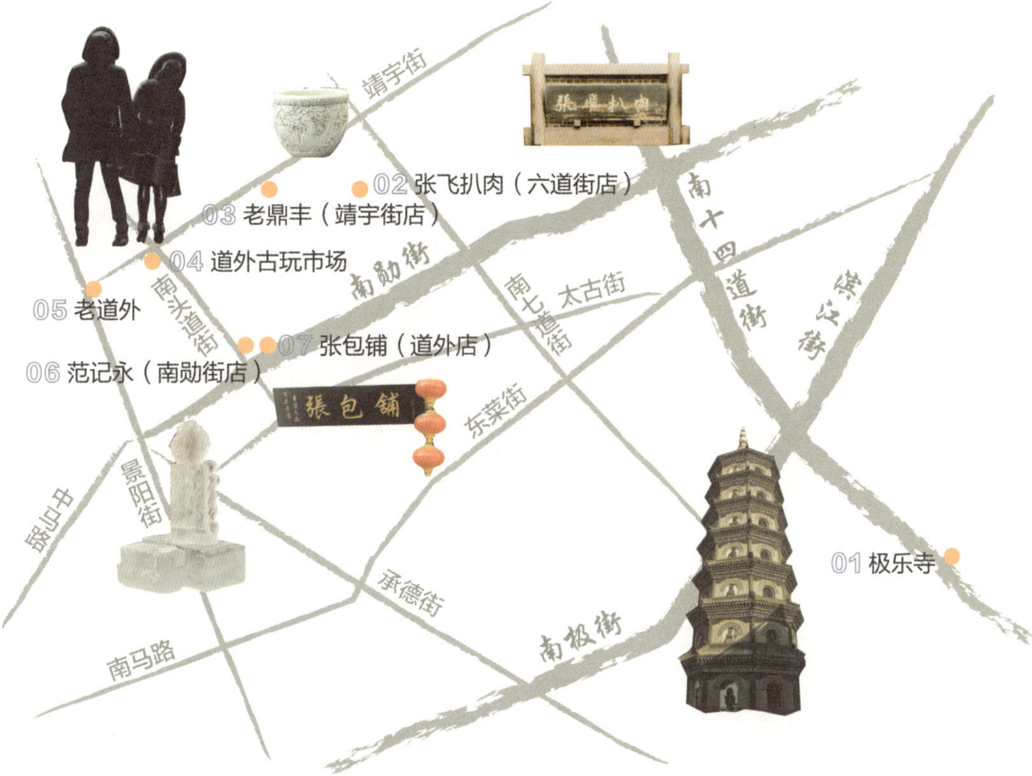
靖宇街
張飛扒肉
02 张飞扒肉（六道街店）
03 老鼎丰（靖宇街店）
04 道外古玩市场
05 老道外
06 范记永（南勋街店）
07 张包铺（道外店）
南勋街
南头道街
南七道街
太古街
南十四道街
滨江街
張包铺
东莱街
景阳街
承德街
南马路
南极街
01 极乐寺

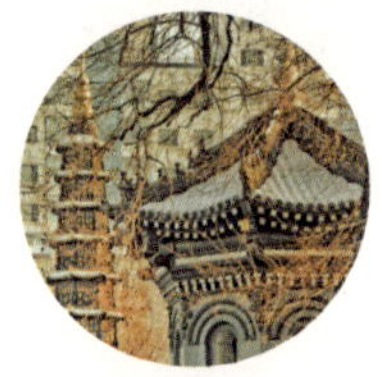

极乐寺

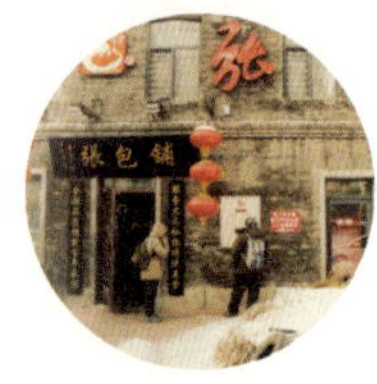

张包铺（道外店）

起始地：
极乐寺

路线：
极乐寺（游）—张飞扒肉（六道街店）（食）—老鼎丰（靖宇街店）（食）—道外古玩市场（游）—老道外（游）—范记永（南勋街店）（食）—张包铺（道外店）（食）

终点：
张包铺（道外店）

01 极乐寺 >

东北四大佛寺之首

🏠 哈尔滨市南岗区东大直街9号

🚌 2夜、3、6、14、25、33、53、55、66、74、92、104、105路公交车到哈工程大学站下车步行约500米

🕒 全天开放

在哈尔滨走了这几天，始终很难将这座城市与中国的古文化联系到一起，这里没有太多的中国元素，在国内却像是出了国门。但今天，终于在极乐寺找到了中国古文化元素。

极乐寺是东北三省四大佛寺之首，与长春般若寺、沈阳慈恩寺、营口楞严寺并称为东北四大佛教丛林，也是哈尔滨佛学院的最高学府。去过西安的佛学院、江西的佛学院、江苏的佛学院，东北的佛学院还是第一次接触。极乐寺的佛学院不大，佛学院内不允许参观，只能依稀看到几个捧着厚厚的佛经的，围着灰色围巾的学子慢慢走过。据说，这些佛学者非常能吃苦，哈尔滨的冬天零下 20 多摄氏度，他们凌晨 4 点就要起床诵经，晚上 8 点统一熄灯休息，晚上有夜休课，每日诵经时间不少于 4 小时，打坐时间不少于 4 小时。我不得不赞叹这些学者，信仰也是需要毅力的，他们的毅力值得钦佩。

极乐寺是哈尔滨年代比较久远的寺庙，寺内分四重大殿：一为天王殿，正中供弥勒佛，弥勒佛生动精致，威严中带着活泼，东西有四大天王守护；二为大雄宝殿，是全寺最大的殿，供释迦牟尼，此殿的香火最旺，人来人往；三为三圣殿；四为藏经楼。天王殿前方左右为钟鼓楼。院内两侧尚有配殿。其中以东院内的七级浮屠塔最为著名。这七级浮屠塔共有七层楼高，为砖木结构，八角屋檐，造型美观，如佛光普照大地。一定要以虔诚之心来参观这个“佛宝塔”，才能获得信仰的力量。

极乐寺是个极清净的地方，寺内干净又纯净，不知道是否是经过翻新的原因，在寺内总感觉有金色的光芒围绕在四周。冬天本来就冷，极乐寺的香火却不断，岁末的日子，在极乐寺为自己及亲友烧上一炷心愿之香，祈祷下一分钟会有幸福来临。

南無
阿彌

極樂寺
佛光普照九洲康泰
9
入口

02 | 张飞扒肉（六道街店）>

细火慢炖的精品扒肉

哈尔滨除了红肠、拉皮之外，还有一绝就是扒肉。而说到扒肉，就必须要到张飞扒肉去吃。哈尔滨有一句话叫：开奔驰，吃小吃。说的就是这些隐藏在闹市中的小吃店。张飞扒肉是酒香不怕巷子深！光听名都觉得好吃。

扒肉是哈尔滨当地的特色食物。大块的肉用各种调味香料煮熟，肥而不腻，论块卖。相传扒肉最早是因为哈尔滨的冬天太冷，大块的肉放在户外结上厚厚的冰，要用很多的火才能解冻，因解冻起来非常麻烦，就细分成小块，用各种香料煮透，再结成冻，每次吃的时候拿出来一小块用水温一下就可以，省去了烹饪的麻烦，也省了炉火。由

- 哈尔滨市道外区南大六道街 210 号
- 109、108、107 路公交车到道外七道街站下车步行约 550 米
- 11:00—19:30
- 0451-87804234

于东北人吃菜偏咸，因而扒肉的味道比较重，习惯吃清淡的南方人可能会被扒肉给咸哭。当然，咸的禁吃，在过去物质匮乏的年代，扒肉像南方的腊肉一般，可以吃好久。

张飞扒肉的扒肉也不例外，是正宗的东北做法。张飞扒肉的招牌菜有：张飞扒肉、炒笨鸡蛋和苏泊汤。这 3 个菜够 4 人份，都是大盘，量大味重，可以吃下好几碗米饭。苏泊汤类似红菜汤，配上扒肉，咸淡刚刚好。

据张老板介绍，张飞扒肉最关键是肉要肥而不腻。而要做到肥而不腻，不仅要选择上好的肉品，还需要用秘方炖上五六个小时。老板在肉质的选择上相当精心，都是来自绿色养殖基地的猪肉。由于肉质上乘，火候又到位，才做到不油不腻、入口即化，而这种手艺是经过几十年的工夫磨炼出来的。

都说慢工出细活，张飞扒肉的烹饪秉承的是认真负责的态度，每一道菜都是餐馆的一个心意，在这寒冷的冬天里，张飞扒肉用其独有的东北味道带给人们温暖的体会。

03 老鼎丰（靖宇街店）>

老字号糕点店

到了道外区，与美食就更近了一步。老道外的美食太多，有点品尝不过来的感觉，只好找几家有特色的略品一二。

老鼎丰是哈尔滨很有名的老字号糕点店，距今有60多年的历史，分店遍布哈尔滨各处，道外区的这家据说品种最为齐全。老哈尔滨人也再三推荐这里的糕点。尽管我对甜点有一定的自控力，但还是果断地进去了。

老鼎丰像是蛋糕房与北京稻香村的结合体，不光有蛋糕、甜品、饼类，还有冰激凌！如果说是有60多年的历史，我觉得还是挺不容易的。我很好奇60年前的蛋糕会是什么样子的，不过我觉得这里老式的口味应该不多了，大部分可能都是后改良的产品。

哈尔滨市道外区靖宇街392

64、94、98路公交车到道外三道街站下车步行约500米

8:30—19:00

老鼎丰的品种太多，选择起来很困难，只好由店员推荐。酥类点心为特色点心，椒盐酥、蛋黄酥、枣泥酥各来了一份，甜味适中，没有油腻感，比较符合我的口味。麻薯肉松面包、开口笑尝了尝，比较纯正的奶香，有点小时候吃的鸡蛋糕的味道，总的来说很不错。不管怎么样，老字号品质还是有保证的，不会异常难吃，也没有太多的惊喜，但吃习惯的人却会爱上这一口。

店员让我一定要尝尝老鼎丰的冰棒，真是比较奇怪，这么冷的天，定要吃根冰棒！或许是屋里的暖气开得太足，来根冰棒降降心火。我顺从地要了根最具特色的麻酱冰棒，样子很奇怪，味道难以形容，大家如果去了可以尝一尝。

老鼎丰或许是哈尔滨人难以磨灭的记忆小吃吧，虽然我感觉味道一般，但还是要称赞一下这个保留了 60 多年的老品牌，只有用心做的食品才能走得长远。

老鼎豐

04 道外古玩市场 >

三天必游 四天必游 五天必游

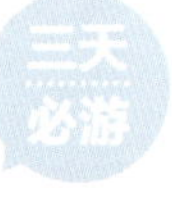

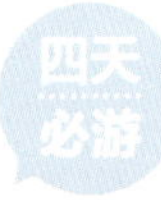

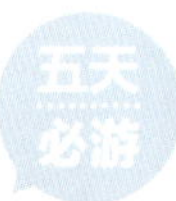

淘换乐趣的地方

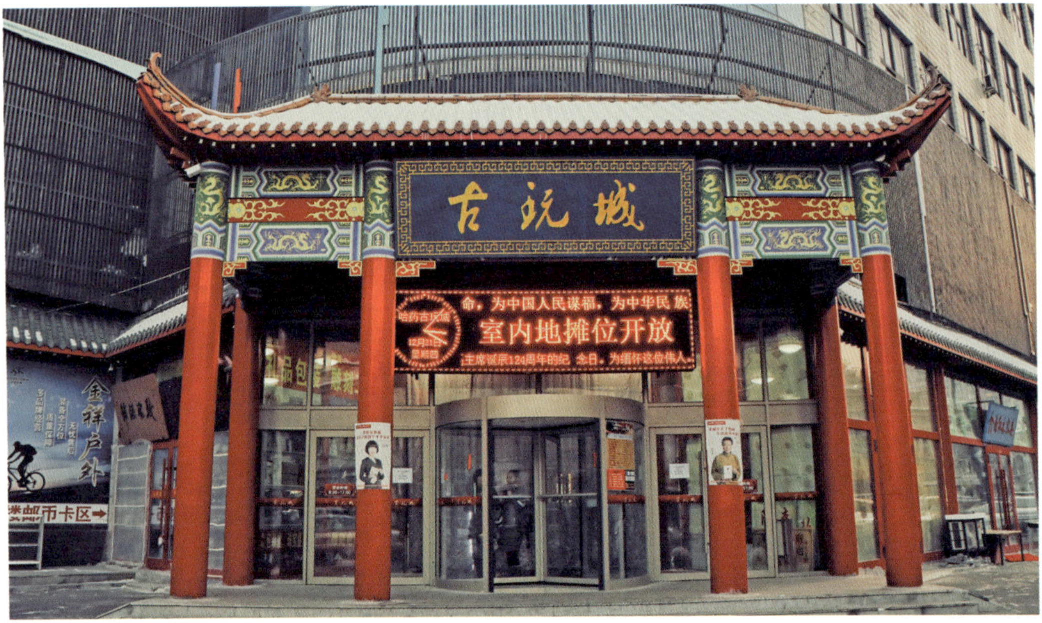

我始终觉得哈尔滨是一个没有古董的地方，可道外区却是个例外，它把中国贵族留下的“淘换”传统保留了下来。道外区靖宇街408号的道外古玩市场据说是东三省最大的古玩交易市场。冲着这个名头，我不顾飘雪的天，也定要去看看。

到了道外古玩市场，我有些失望。与其说是古玩市场，不如说这里是一个二手市场，是一个旧货市场。哪里有古玩？哪里有古董？我更坚定我的判断，哈尔滨是没有古董的！道外古玩市场到处是旧货地摊，小小的集市挤满了人，我很好奇这是为什么？为什么这么多人愿意买旧货呢？跟几位摊主聊了聊才解开了我心头的疑惑。哈尔滨人喜欢藏旧物，他们将那些带着年代记忆的物件在这里进行交换，虽说这些物件被称为“古董”，其实并不是真正意义上的古董。

哈尔滨市道外区靖宇街408号

94、64、98路公交车到道外三道街站下车步行约450米

8:00—16:00

古董在日本占领期间早就没有踪影了，现在售卖的旧物，都是人们为了保留过去的记忆自发收藏下来的。虽然在这里可能没有宋代的花瓶、清代的碗之类的稀罕物件，但可以买到 20 世纪 30 年代的瓶瓶罐罐。

道外古玩市场里最多的商品是手串、珠子等饰物，有水晶、玛瑙、菩提、檀木之类的，琳琅满目，品质良莠不齐。除了这些，还能看见一些葫芦工艺品，在葫芦上作画似乎是这里人的大爱，一些男士非常钟爱这种木头作画之类的工艺品，佩戴在手，很是有点游手好闲的意味。

走出道外古玩市场，突然顿悟，哈尔滨之所以有这样的市场，是因为人们喜欢“淘”宝，人们其实在意的并不一定是东西本身的价值，更在意的是这种淘换的乐趣。每天在这里走一走，寻一寻新奇的东西，这本身就是一种猎奇心理。

我想，哈尔滨的道外古玩市场带来的是“淘”的生活乐趣，换来的是对老物件的念想。

05 老道外 >

市井大街

哈尔滨除了中央大街、果戈里大街，还有一条老道外街与其齐名，可谓是哈尔滨的三条名街。老道外的特色，是那几百栋扎堆建造的“中华巴洛克”建筑群，是哈尔滨市中心的老城区。

老道外是哈尔滨的草根所在。百年前的哈尔滨只有东西两区，东区是道里、南岗，住的都是洋人；西区便是道外，住的是中国老百姓。史料记载：“20世纪初，一批精明干练、有头脑、有胆识的民族工商业精英，率先在南二道街开商铺、办实业，在道外的腹地置地盖房。盖楼时那些中国工匠纷纷效仿道里、南岗的‘洋房’，采用中国的建筑手法，清水砖墙，白灰勾缝，砖木结构，雕花围檐，建造成了典型的中式‘小洋楼’——欧式立面、中式院落。”

曾经沧海难为水。经过百年沧海桑田，老道外的建筑早已失去了洋楼的外表，破败不堪的建筑已人去楼空，留下残垣供我们参观。楼

哈尔滨市道外区景阳街与靖宇街交口

109、108、107路公交车到景阳街站下车步行约400米

全天开放

还是那个楼，但外形早已老去，不过，越是这样的街景却越让人觉得是真正的哈尔滨特色。我记得一个朋友特别喜欢拍一些电线杆和晾衣架，他说，这才是生活，是市井之中与我们最为贴近的东西。老道外就是这样一个生活区域，这里住的是一群老哈尔滨人。

老道外是有着鲜活生命的街区，除了林立的建筑之外，与这些中国巴洛克风格形成鲜明对比的，就是那一条热闹非凡的市贸街。早上8点多，挎着菜篮子的大爷大妈就已出门了，在菜农的贩卖声中，听到的是哈尔滨的柴米油盐酱醋茶。

老道外街上有许多小吃店吸引着人们前来品尝，这里汇集了一些民间特色小吃，像张包铺的排骨包子、张飞扒肉、范记永的水饺、胡同老锅烙等，早中晚都可以找到不同的东北小吃。其中有不少被美食节目收录。

老道外是哈尔滨的一种生活方式，也是真正意义上的哈尔滨。

06 | 范记永（南勋街店）>

百年三鲜

都说“好吃不过饺子”。曾经东北人的大餐就是一顿饺子。大年三十的晚上，东北人必须全家守岁，并且吃饺子，这个习惯已延续了好多年。范记永的饺子号称是哈尔滨的“名角（饺）”。

范记永是老道外上的老字号中餐馆。餐厅的装修为传统的中式风格，古典与时尚完美结合，每一处细节都极尽创意，典雅端庄的装饰让这个百年老店有着现代的时尚。

历史悠久的范记永光靠卖饺子就卖了上百年，而且饺子在国内外都堪称一绝，真是行行出状元，行行有人才。据店内介绍：“范记永”

哈尔滨市道外区南头道街中华巴洛克历史文化保护街区

94、64、98 路公交车到道外三道街站下车步行约 690 米

10:00—19:00

0451-82668999

的前身名曰“范记独一处”，由范先庚于20世纪初创立，创立之初就是“老饕”们津津乐道的美味，后来他的继承人将“范记独一处”改名为“范记永”。多年以后，范记永掌门人在传承传统美食的基础上不断地挖掘与创新，研发出如今的菜单。当下的范记永不光饺子好吃，配菜和其他小吃也非常不错。

慕名前往中华巴洛克历史文化保护街区的范记永的人尤其多，等位时间一般都在1小时左右，服务员拿着茶水安慰着焦急等位的人们。吃顿饺子在老道外还是有一定挑战的。店内的三鲜、青笋虾仁、猪肉白菜、芹菜猪肉都是招牌水饺。尤其是三鲜的，特意冠名为“百年三鲜”，保持了百年的味浓、柔润、鲜香的特色，三鲜内的肉为熏酱肉，入口即化，吃完满口弥香，数百年来被食客们追捧。再配上些牛肉、肠、肝等熟食，物美价廉，满意度超过一百分。据说，大年三十这个店是24小时不打烊，与食客们一起过年，风风火火地忙到新年。

大冷天吃上一顿热气腾腾的饺子，心里暖暖的。范记永上百年的烹饪手艺代代相传，这是一件非常难得的事情，没有良好的家训和传承的坚持，今天我们也吃不到这么好吃的饺子。希望这样的绝味美食可以流传下去，也希望更多的人能品尝到这么好吃的美食。

范
历史建筑
范記永餃子
今朝創輝煌

永
百年老字號
百年老店
范记永饺子诚聘
范记永饺子
范记永饺子

07 张包铺（道外店）>

百年包子铺

吃完饺子，再看包子。老道外的张包铺也是一家老字号，但张包铺并不是哈尔滨土生土长的草根包子店，其技术来源于天津的张仁。都说天津狗不理包子最知名，在那个年代，东北人吃包子还得归功于张仁。1902 年张仁在道外二道街开设的张包铺是哈尔滨第一家中餐馆，也是哈尔滨第一家张包铺，百年下来，张包铺成了品牌的中餐馆，却还是以卖包子为主。

道外区的张包铺有二层，门脸不大，客人却不少，去那儿首先就要克服等位。无论几点去好像都在等位，十点半开张，晚个 15 分钟就开始排起了长队。按理说，十点半大部分人已经吃完早点了，可就是有一些执着的人，等着店开张，等着包子当第一顿饭。在这长长的

哈尔滨市道外区南二道街与南勋路交口东北侧

64、94、98 路公交车到道外三道街站下车步行约 780 米

10:30—20:00

队伍之中，一位20多岁的小姑娘一直在用地道的东北话说着：“我就爱张包铺，真是没办法。每次回老家都要来老道外吃张包铺。”可见张包铺是多么深得人心，上自80岁的老人，下至三五岁的孩子，没有不爱吃的，而且，吃过一次就忘不了这个味道。

张包铺的包子品种多到眼睛看不过来。各种没见过的馅层出不穷，比如排骨的、豆腐的，难以想象这馅里带骨头可怎么吃。据店员介绍，他家包子最好吃的就是排骨馅的，每天的排骨馅包子要是来晚了就没有了，得早到早尝。的确，包子的每一种口感都非常好，一口气可以吃十几个包子也不觉得油腻。张包铺的包子不像南方的汤包，几乎没有水分，全靠的是调的馅的酱香，热腾腾的包子端上来，一口一个，口口余香。

店里有很多人是从亚布力滑雪场下来之后特意赶3个小时的车来到这儿的，就为了吃上这一口包子，我真心被他们的毅力给打败了，这是好吃到什么程度才能这么执着。美食的魅力一点儿也不比美女的魅力差，无声无息地就让人陷入其中。

张包铺推荐指数5颗星以上，如果嫌麻烦可以一次多打包几份，放在冰箱慢慢吃，省去排队的麻烦，不过味道呢，多少会差那么点儿意思。

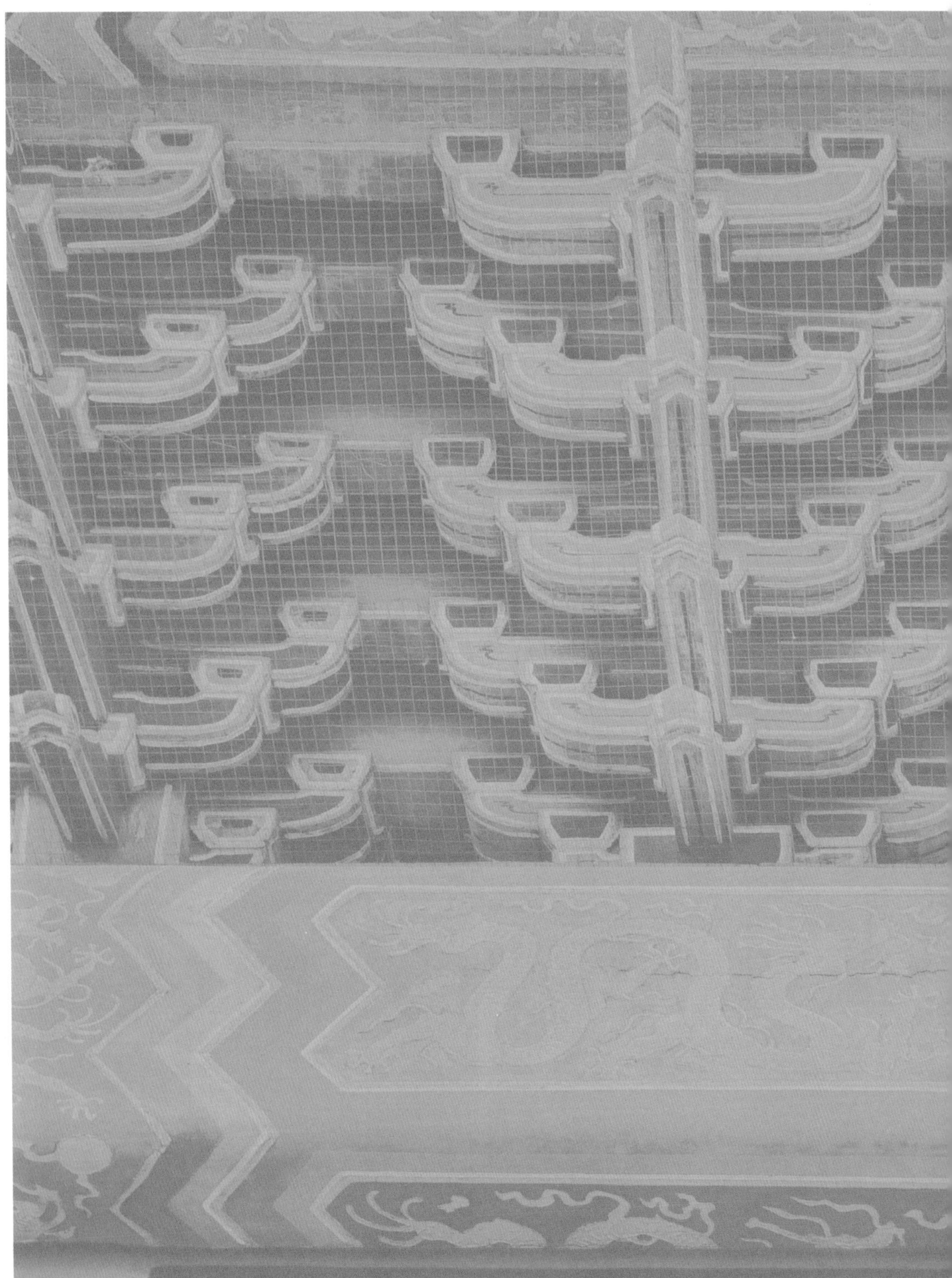

教堂林立的多彩之城

哈尔滨仿佛每日都上演着各国宗教和建筑艺术博览会，每时每刻这座城市的转角都会有祈祷的声音。

这片黑土地上最值得驻足的地方

哈尔滨实际上是一座没有城墙的城市，它既不古老，也不现代，我们无法沿着古老的城根去探寻它的历史与足迹，只能从那些百年建筑的身影上去追寻它的过去。哈尔滨可能是建筑爱好者的天堂，洋的、土的、老的、新的、仿的，一切应有尽有。而让我们的目光回溯100年，隆隆的车轮、高扬的汽笛、交错的铁轨，一个边陲渔村转瞬发展成沙俄殖民者的东方大都，这个顶着“东方莫斯科”雅号的城市，它的过去像是一层迷雾。它的多元化的风情又令人应接不暇，仿佛有太多的神秘需要在那些标志性建筑中去追寻，需要到宗教中去解惑。

把这次教堂和宗教之行当作重要的一站也是一个不错的选择。不同的宗教在空间与时间的转换下变成一道亮丽的风景，是哈尔滨这座城市所独有的。不同的宗教有不同的文化，不同的文化又有不同的表现形式。

我喜欢坐在广场角落的咖啡厅里凝望这座城市的夜景。夜里教堂巨大的“洋葱头”上跳跃着夜的光芒，金色的十字架在光影中变幻，闪烁着神圣的光晕，连同夜色下的砖墙，这一切都带着一丝神秘和忧伤。百年来，哈尔滨城市中不同的文化与建筑都见证了这座城市的所有兴衰。

松花江
大新街
友谊路
松浦大道
04 中华巴洛克风情街
景阳街
南十四道街
南通大街
05 文庙
尚志大街
承德街
06 静心斋素食坊
03 犹太新会堂旧址
一曼街
经纬街
东大直街
先锋路
宣化街
海城街
果戈里大街
西大直街
02 俄罗斯河园
黄河路
01 圣·阿列克谢耶夫教堂

圣·阿列克谢耶夫教堂

静心斋素食坊

起始地：

圣·阿列克谢耶夫教堂

路线：

圣·阿列克谢耶夫教堂（游）—俄罗斯河园（游）—犹太新会堂旧址（游）—中华巴洛克风情街（游）—文庙（游）—静心斋素食坊（食）

终点：

静心斋素食坊

01 | 圣·阿列克谢耶夫教堂 >

神秘的俄罗斯风情建筑

三天必游 四天必游 五天必游

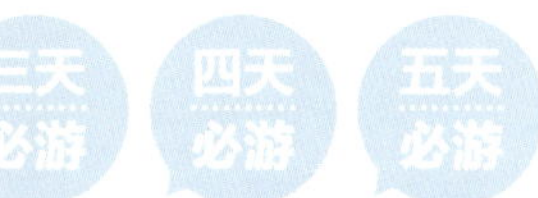

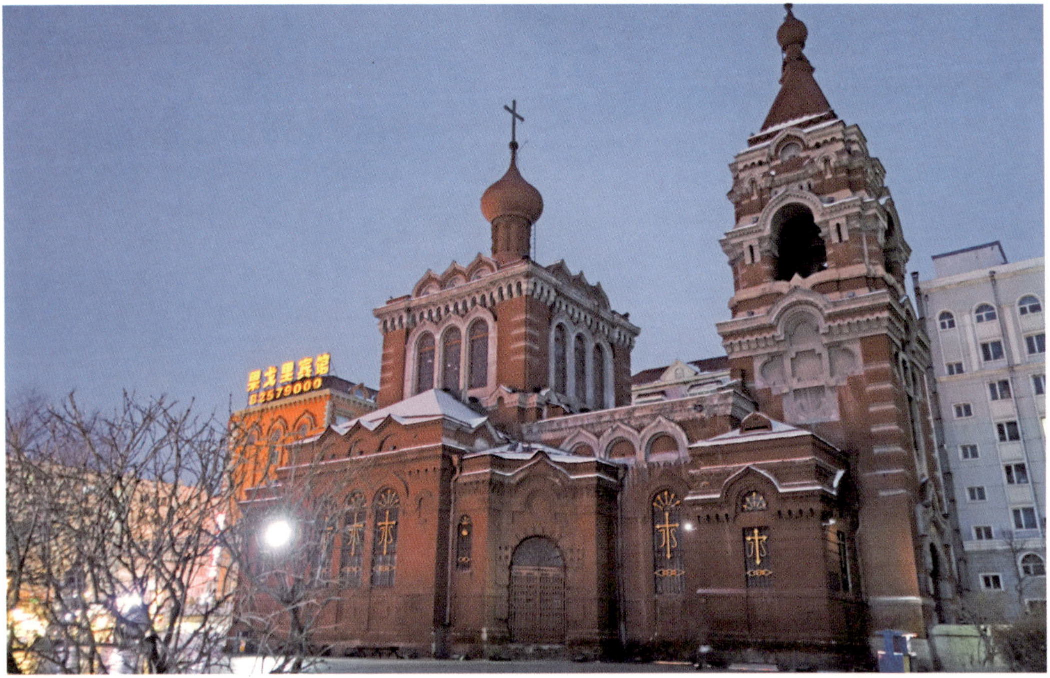

圣·阿列克谢耶夫教堂是一座漂亮的砖石结构的翻新教堂。不用我说，只听名字就知道这座教堂与俄罗斯有关。这么一长串的名字，我是用相机记下来的，念出来着实拗口。

哈尔滨的教堂大部分是由随军教堂发展而来。圣·阿列克谢耶夫教堂也不例外，其原为设在公主岭的随军教堂，日俄战争后迁入哈尔滨，于 1912 年在此建木结构教堂。1935 年教堂改为砖石结构。教堂由俄国建筑师斯米尔诺夫·托夫塔诺夫斯基设计，原来属于东正教堂，1980 年转给天主教会。

- 哈尔滨南岗区士课街 47 号
- 62、109、121 路等公交车到革新街站下车即到
- 只在举行宗教活动时开放

圣·阿列克谢耶夫教堂如今已成为哈尔滨南岗区的一个亮点。这个街区有着浓厚的俄罗斯情结，不仅是因为周围建筑多数为俄罗斯风格，还因为这里曾经的原住居民也大部分是俄侨。大量的俄式建筑和俄侨们的生活习惯构成了这一地区的独有文明。而圣·阿列克谢耶夫教堂则是这独有文明所遗存的一座精美的物质文明产物。因为有了这座教堂，这一街区也被蒙上了一层说不清道不明的神秘、美丽和庄严的面纱。圣·阿列克谢耶夫教堂的神韵是与生俱来的，红色的墙体本身就透着神秘感。

圣·阿列克谢耶夫教堂平时不对公众开放，人们只能从外围走过，简单地欣赏一番。教堂不大，但拍出来的照片效果却非常好，喜欢拍照的人在这里留念可以收获意外的效果。教堂周围建成了市民的休闲广场，天气寒冷，热爱锻炼的人们在广场上滑行，各种矫健的身姿快速地走过，似乎已习惯了这座教堂的风景。

02 俄罗斯河园 >

夜景妩媚的河岸

三天必游 四天必游 五天必游

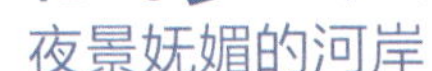

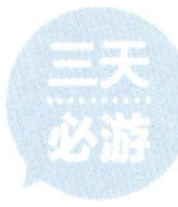

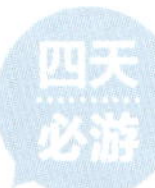

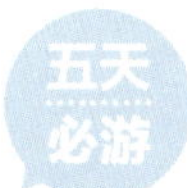

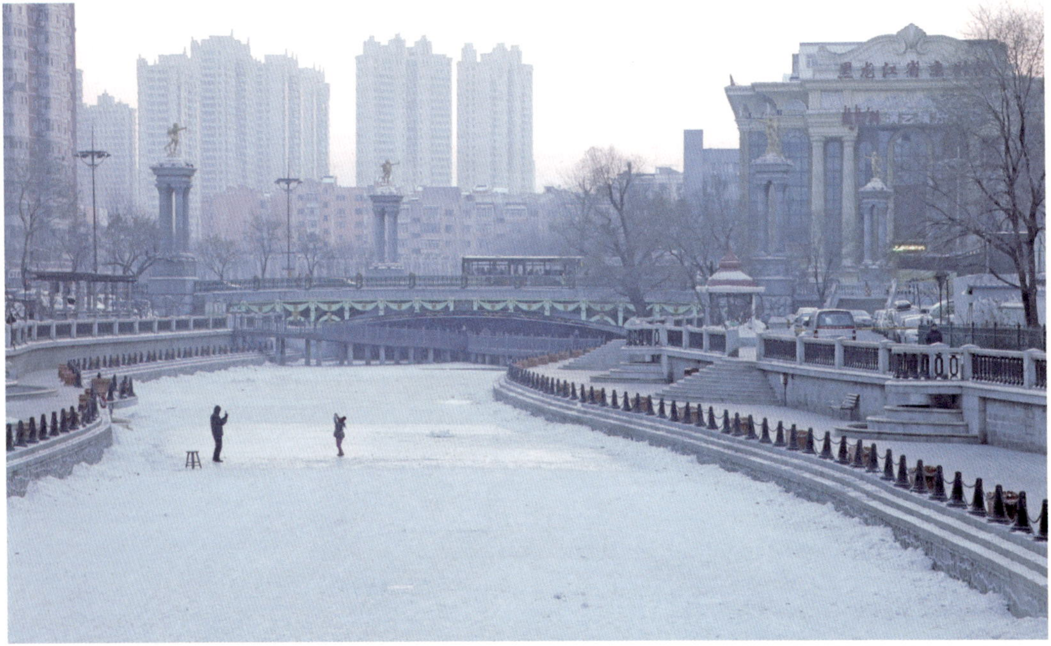

俄罗斯河园是果戈里大街上的综合亲水平台，在现有的俄罗斯民贸交易街区的基础上，在奋斗桥南岸及马家沟河体中兴建了多处水体景观，主打俄罗斯情调。文化雕塑、俄罗斯风格的柱廊、欧式城堡式设计、舞台表演、大型音乐喷泉、水幕电影、风格各异的酒吧等构成了俄罗斯河园的休闲观光风景。加之沿马家沟河边的儿童公园、城堡式的童话乐园、轰鸣的儿童铁路小火车，将这里勾勒成一幅美丽的河园景观图。

白天的俄罗斯河园，像是一座人工雕饰的小公园，所有的造型设施都是由人工打造，比起果戈里大街上的百年建筑，俄罗斯河园略显羞涩了些，与那些有文化底蕴的风景相比，俄罗斯河园是小家碧玉型的。

哈尔滨市南岗区果戈里大街 260 号

28、101、103 路公交车到工人文化宫站下车步行约 700 米

全天开放

在光线好的时候，俄罗斯河园非常适合拍照。

而晚上的俄罗斯河园，才散发出它真正的魅力。傍晚 5 点哈尔滨的夜幕就落了下来，俄罗斯河园在夜色中也换上了新装，露出它妩媚的一面。河园上所有的建筑物都打开了七彩的霓虹灯，各式耀眼的灯光汇集在一起，像一团团的彩球构成一个明亮的世界，与夜色形成鲜明的对比。河园顺着灯光勾勒出一个童话般的小堡垒，仿佛有一位公主在这个乐园中翩翩起舞，而我们这些游人就是她的观众，欣赏着她曼妙的舞姿。不知道是否是因为冬天，酒吧亮着灯，清幽的音乐略显得有些萧条，夜生活这个词似乎不太适合哈尔滨这座城市。

俄罗斯河园，或许它看起来过于平凡，但值得一去。

03 犹太新会堂旧址 >

犹太人在哈尔滨的故事

三天必游 四天必游 五天必游

美国前国务卿基辛格曾说：“历史上，曾经有两万多犹太人为摆脱迫害、歧视而定居哈尔滨。哈尔滨人民以中华民族特有的博大胸怀善待犹太人的历史事实，是世界人道主义的光彩记录。”对于犹太人在哈尔滨的历史我所知甚少，为此我专门拜访犹太新会堂旧址，去了解犹太人在哈尔滨的故事。

哈尔滨犹太新会堂旧址主体颜色红白相间，落落大方。新会堂共分为 3 层，1 层是哈尔滨城市建设历史展览，2 层与 3 层是犹太人在哈尔滨历史展览。这些展览中展现了大量的珍贵照片，清晰地证明了：哈尔滨是犹太人的第二个家，而哈尔滨的发展也与犹太人的参与密不可分。

19 世纪末，大批在俄国遭受迫害的犹太人迁居哈尔滨，使哈尔滨一度成为远东地区最大的犹太人聚集中心。颠沛流离的犹太人在遥远的东方，终于获得了一个相对宁静的生活之所。从 1898 年第一个俄籍犹太人萨·伊·别尔采里来到哈尔滨，到 1985 年最后一个犹太人阿哥列在哈尔滨辞世，在约一个世纪的哈尔滨犹太人历史上，哈尔滨人民以真诚和善良保护了犹太人，让犹太人获得新生，而犹太人也为这座城市做出了巨大的贡献。至今散居在世界各地的犹太人有很多是哈尔滨犹太人及其后裔，他们的心中永远有着哈尔滨。

犹太新会堂始建于 1918 年，历经 80 年的风雨飘摇的新会堂几易其主，一座线条优美、造型别致的犹太建筑在历史的变革中变得伤痕累累。而今的旧址已被修复，尘封多年的哈尔滨犹太新会堂终于在 21 世纪初叶迎来了崭新的一天！尊重历史，展望未来，犹太人的苦难过去了，哈尔滨的美好相信已烙印在了犹太人的心中，而这所犹太新会堂旧址中将持续讲述着犹太人在哈尔滨的故事。

哈尔滨市道里区经纬街 162 号
2、21、75、105、112 路公交车到经纬六街道站下车步行约 240 米
8:30—17:00

04 | 中华巴洛克风情街 >

原汁原味的哈尔滨民俗风情

百年历史的哈尔滨有着百年历史的老街，一条街便是一段历史，由一些老建筑派生出的街道有着独特的韵味。老道外区的中华巴洛克风情街以它独有的方式讲述了一段百年哈尔滨的兴衰史。老道外区是哈尔滨的发源地，100多年过去了，道外区经历了岁月的沧桑，老建筑在逐步地退出历史的舞台，而中华巴洛克风情街还在静静地为中西文化的结合开花结果。

准确地说，中华巴洛克风情街是一条复古的、商业化的怀旧街，但中华巴洛克风情街看起来依旧很沧桑，它保留了原汁原味的哈尔滨民俗风情。

- 哈尔滨市道外区北四道街（近升平街）
- 107、108、109路公交车到景阳街站下车步行约490米
- 全天开放

进入中华巴洛克风情街，最让人印象深刻的就是沿街而立的斑驳的巴洛克风格建筑。这些建筑中有 257 个中国传统院落，也是目前保留面积最大的中华巴洛克建筑街区。那些外墙和窗户造型酷似欧式建筑的院子的内部却是中国传统的四合院，而这些四合院不是平层，而是 2 层或 3 层的四合院，由楼梯衔接围成圈，也就是老哈尔滨人所称的“圈楼”。圈楼里设有天桥、天井和回廊，四面围合，只有靠街的一面开有通街之门。这样的建筑群既是哈尔滨的特色，也是我国独有的一段时期的建筑风格。

中华巴洛克风情街除了老建筑，还融入了现代化的商业。这里也是哈尔滨最为发达的商业街之一。各类商场、购物中心、工艺美术品、老字号美食铺、KTV、皮影戏、人工剧场、二人转等，吃的、玩的、看的应有尽有，这里既是历史记忆的回顾，也是购物的天堂。

老道外巴洛克建筑群在一点点地消失，这样的消失并不意味着老的记忆在退去。之所以老街复建，也是对这种文化的保护。历史的车轮滚滚而行，无可奈何的我们要尽量抓住风情老街的“尾巴”，趁它还在，赶紧去。

BAROQUE BOOKSTORE

05 文庙 >

传统文化传承之所

四天必游 五天必游

从车水马龙的中华巴洛克风情街走进古香古色的文庙，仿佛又进入了另一个世界。

哈尔滨的文庙始建于 1926 年，建成于 1929 年，砖木结构。文庙的正中心立着孔子的雕像，其为后世之人所立，并非建庙时所立。孔子是中国古代杰出的教育家、思想家，近些年来，许多学子纷纷来文庙祭拜孔子，祈盼自己学业有成。因而人们进庙第一件事，就是向孔夫子行礼。

在文庙这方天地，我能感受到馥郁的文化氛围。文庙内的状元桥，是一进院落中最重要的一处建筑，它寄托着无数学子的美好愿望。据

哈尔滨市南岗区文庙街 25 号（近黑河路）
6、14、74 路公交车到南通大街站下车步行约 490 米
8:00—16:30

说，每年高考前夕经常有一些学生以及老师来到这里，在状元桥上走一走，图个好兆头。跨过状元桥，是一道5层斗拱的棂星门，走进二进院落，中路甬道上是一尊立于座基之上身高3.3米的孔子行教铜像。大成殿是文庙精髓所在，大殿位于院落的最北侧，坐南朝北，整座大殿面阔11间，殿内正中是孔子立像一尊，大殿四周的墙壁上是彩绘的孔子行教图，大殿外侧重檐庑殿黄琉璃瓦顶，梁柱上精美的“金龙和玺”彩画显示着这座建筑有着至高无上的等级，要知道在旧时，这种等级的彩绘，只有在北京故宫的太和殿才可以看到。中轴线的格局贯穿文庙的南北，左右建筑对称展开，院落里遍植松柏，整个院落弥漫着肃穆的氛围。

文庙内还有黑龙江民族博物馆，共有3个馆可参观，介绍了黑龙江地区的民族文化及变迁历史。

冬日里，文庙中松果落满地，白雪覆盖着琉璃瓦，在文庙放松下疲惫的身心，也是不错的选择！

香港孔教学院
院长汤恩佳

06 静心斋素食坊 >

净化心灵之所

🏠 哈尔滨南岗区宣化街573-6-8号盟科观邸C4栋商铺
🚌 6、14、74路公交车到哈尔滨工业大学站下车步行约400米
🕘 9:30—20:30
☎ 0451-51933663

佛陀言："食肉者，断大慈种。"于是许多人把素食视为信仰佛教的指标。其实，佛教最早从印度传入中国时，并没有规定僧人不许食肉。但后人为了实践慈悲的精神，而倡导吃素。随着中国养生之道的弘扬和发展，素食不仅是慈悲，更成了一种文化境界。事实上，素食的烹饪之法与肉食相比更为复杂和精细。静心斋素食坊不仅是吃素的地方，还是一家以佛教文化为主题的餐厅，倡导以素食养生的理念。

静心斋素食坊高雅而清净，装修以中式元素为主，餐厅佛音绕梁，沁人心脾的音乐净化着心灵，清幽的菜单上随处可见佛教莲花的装饰，中国古典的字画在墙上提示着人们这里是一个纯净的世界。都说相由心生，在静心斋坐下，来往的人们个个慈眉善目，心怀感恩，这里没有喧闹，没有红尘往事，与其说是餐厅，不如说是短暂的修身安神之所。

我非常喜欢静心斋的氛围，与佛庙所不同的是，静心斋更容易让人静静地去体会空灵的佛学意义。我个人觉得以素食来弘扬佛学比起讲经诵读，似乎更适合在宗教信仰外行走的人们，有时一种文化是否能深入人心，需要的是好的氛围和正确的引导。

静心斋的素食精致美味，每一道菜都是带着对佛法的崇敬之心精心而做。店员们静静地守候，不会打扰每一桌用餐的人们，在餐厅的书柜上摆放着佛经。餐前读一读经书，领略圣贤的伟大，如有佛缘，也可免费带走。一颗浮躁的心，在一顿素食之后，自然而然地平静了下来。

在喧嚣的都市生活中，太多的执念、太多的压力使人们的精神过于紧张，如果可以，把静心斋的素食当作一次心灵的旅行，用短暂的美食换取片刻的浅修，不知你是否也会爱上这里。

浅望幸福，不写忧伤；红尘三千，不道惆怅。静心斋也可以是生活的一个小片段。

Wi

念弥陀归心似箭
然後長跪

香气和霓虹交织在城市的夕阳里

每天醒来，我都要纠结一下这一路是要以风景为主，还是美食为主，还是找个地方静静地发呆。

闹市里一方宁静的所在

哈尔滨是一座宽容的城市，也是一座懂得怀念与感恩的城市！多种文化在哈尔滨开花结果，哈尔滨人都欣然接纳。甚至于道里区、南岗区都聚集了大量的外来人口，只有道外区才是本地哈尔滨人自由自在的世界。道外区的风景是洋为中用，中西结合的产物。宗教在道外区也呈遍地开花的态势。

在哈尔滨已有一段时日，各式的教堂也领略了不少，仍意犹未尽。以阿拉伯广场为中心的那一带我仍有期待，哈尔滨清真寺、南岗博物馆浮现在脑海，对于这个哈尔滨的核心地带，还没有揭开它的面纱。这条线路涉足这片区域的美景和美食之中。可能线路上的景点和美食并不稀奇，但却代表了哈尔滨的特色。最想说的话，也是在这条线路上。

我想我已迷恋上这座冰城，因为它的安静，因为它的寒冷，因为它的洁白。这是另一个世界，或许这个世界不一定适合我在此生活，但我很满意，我来了，并见识了这么多不同的文化。

夜静静的，我仍会去翻阅哈尔滨的市史，松花江、太阳岛……哪怕仅在心中默诵一遍这些地名，阴霾的心际就洒下了一片亮丽的光。

03 沙记赛索糕点
02 阿拉伯广场
01 哈尔滨清真寺
06 玉氏滋味坊（道里店）
04 南岗博物馆
05 老厨家（文政街总店）

松花江
友谊路
大新街
南十四道街
南七道街
尚志大街
南极街
东大直街
宣化街
海城街
安发街
西大直街
前进路
教化街
文明街
文昌街
和兴路
文政街

哈尔滨清真寺

玉氏滋味坊
（道里店）

起始地：
哈尔滨清真寺

路线：
哈尔滨清真寺（游）—阿拉伯广场（游）—沙记赛索糕点（食）—南岗博物馆（游）—老厨家（文政街总店）（食）—玉氏滋味坊（道里店）（食）

终点：
玉氏滋味坊（道里店）

01 | 哈尔滨清真寺 >

伊斯兰教圣地

哈尔滨这座教堂之城怎么能缺少清真寺。在哈尔滨道外区紧邻阿拉伯广场的繁华地段，远远地就会被一座有几个黄色月亮的圆顶建筑所吸引。白绿相间的主色调，金色点缀的大门，不由得让脚步停驻，这里就是哈尔滨清真寺，被当地人称为阿拉伯文化基地。

宗教建筑从外形上就能直接判断属于哪个教派，不同的教派有不同的建筑风格。佛教寺庙源于印度，以红色、金色渲染。而清真寺为伊斯兰教宗教场所，源于阿拉伯，建筑大部分是阿拉伯尖塔式砖砌邦克楼。这一类的邦克楼，不光以绿色为主色调，非常有辨识度，而且最引人注目的是在大殿顶上的一组浑厚饱满的绿色穹顶，4 个小穹顶被中间一个大穹顶统率，在形象上相互呼应，在距离上又恰成正比，组成了一幅丰富的“天际战略图”，大穹顶象征着穆罕默德，小穹顶则

哈尔滨市道外区南十二道街

28、64、94 路等公交车到阿拉伯广场站下车步行约 50 米

每周五可申请参观

象征伊斯兰教的四大法学派，使人一望便知是伊斯兰教的清真寺。

哈尔滨清真寺高大宏伟，殿堂内红砖席地，大气中透着庄严肃穆。清真寺很大，楼宇之间的连接有点儿迷宫的感觉，外墙个别处年久失修，斑驳的墙皮一层层往下掉落。清真寺不随意开放，每周五是穆斯林的盛宴，此时可以跟工作人员申请进去参观，但时间不能过长。寺内设有市伊斯兰教协会、清真餐厅等。往来寺内的基本是教徒和笃信的回民，他们表情严肃，每一步都认真而虔诚，这种紧张的氛围，让我大气都不敢出。只好试图在这天地之间来窥见哈尔滨清真寺以往的繁华。

洁净和卫生是穆斯林最基本的信仰要求，在我们看来宗教的神秘神圣不可侵犯，而在回民们的眼里，清真寺仅仅是他们生活的一部分，有信仰的人似乎总透着另一种气质，让我感受到他们神圣的使命感！

02 | 阿拉伯广场 >

有着高高宣礼塔的广场

一夜北风紧，阿拉伯广场上经过雪夜的洗礼，铺上了薄薄的一层雪花。广场变成了一个纯净洁白的世界，远处的哈尔滨清真寺在雪光中越发显得绿意盎然。

哈尔滨清真寺其实是阿拉伯广场的一部分。确切地说，是广场上一道亮丽的风景线。无数的人是冲着哈尔滨清真寺才来到阿拉伯广场的。广场是一个大的集合，建筑、绿化、美食、人造景观在阿拉伯广场构成了一幅生动的人文、生活之画。

阿拉伯广场在每个季节都有不同的景色，而我最喜欢冬天下雪时阿拉伯广场的景色。冬天来到阿拉伯广场，就好像来到了一个晶莹剔

哈尔滨市道外区靖宇街道南十四道街 288 号
28、64、120、202 路等公交车到阿拉伯广场站下车步行约 60 米
全天开放

透的童话般的世界。清真寺的威严冷峻，松柏的幽幽世界，白雪的冰冷，给人一种凉滋滋的抚慰。北风呼啸而过，天空和大地的一切仿佛都在过滤、升华，连我的心灵也在净化，变得纯洁而又美好。

此时的阿拉伯广场远远的有人吃着马迭尔在冰雪中欢笑，厚厚的棉衣包裹的是对这个广场的热情。和大部分广场一样，阿拉伯广场也站满了跳广场舞的大爷大妈，各式各样的音乐混成一首首交响曲，若是闲来无事，在广场一圈又一圈地溜达，您还会觉得冬天很冷吗？

五楼
拉斐尔宾馆
网咖电玩桌球
网咖电玩桌球

自由 平等

03 沙记赛索糕点 >

清真糕点店

一份甜点既是一种情趣，也是一种幸福，每个人心里衡量的标准都不一样，但糕点所带来的浪漫小资生活却是很多人的共识。哈尔滨不仅有知名的俄式甜点，还有本地的老字号甜点，除了老鼎丰外，沙记赛索糕点也是哈尔滨人魂牵梦绕的滋味。

沙记赛索糕点的门店不大，招牌上清楚地标示着“清真”两个字，蓝白色调的门牌上的几个大字很像蒙语，店名旁边写有：欧式西点、传统中点。推门进去货架上摆满了各式糕点。可供选择的蛋糕不多，但中式的饼、面包等品种造型各异，很容易激起人们的食欲。

店员对于沙记赛索的历史了解不多，只知道创始人是穆斯林，是做黄油月饼起家，这家店虽没有上百年的历史，但也是几十年的哈尔滨老品牌店。店里只做清真糕点，而且老板是虔诚的穆斯林，做糕点

是老板对于自己信仰的表达方式。我不知道这种信仰的力量，但我想老板定是一个热爱生活的人，不然不会从开始的做月饼扩大到做出这么多造型和做法各异的中西结合的糕点。

糕点店内的品种着实很多，令人眼花缭乱，真心不知道如何选择，和老鼎丰的品种有很多类似的，尤其是酥类的糕点，外形都几乎一样。店员介绍，其实店内的酥点最受欢迎，皮酥而不散，馅绵而不柴，入口即化，绝对值得一尝。

或许对于沙记赛索来说它是一个糕点店，但对于我这个过客来说，它是我对哈尔滨清真美食的一项发现。如果说过去我对清真的美食停留在中餐馆的认识中，那么沙记赛索让我对清真的美食又有了新的认识。

哈尔滨市道外区南十二道街 54 号（清真寺后面门市）

2、8、12、16、20、23、64、65、79、83、101、102、103、118、201 路公交车到防洪纪念塔站或友谊路站下车

8:30—19:00

0451-88966995

沙记赛
點
歐式西點
沙记月饼
香溢金秋
元宵上市
香油川酥
传承中华の美食

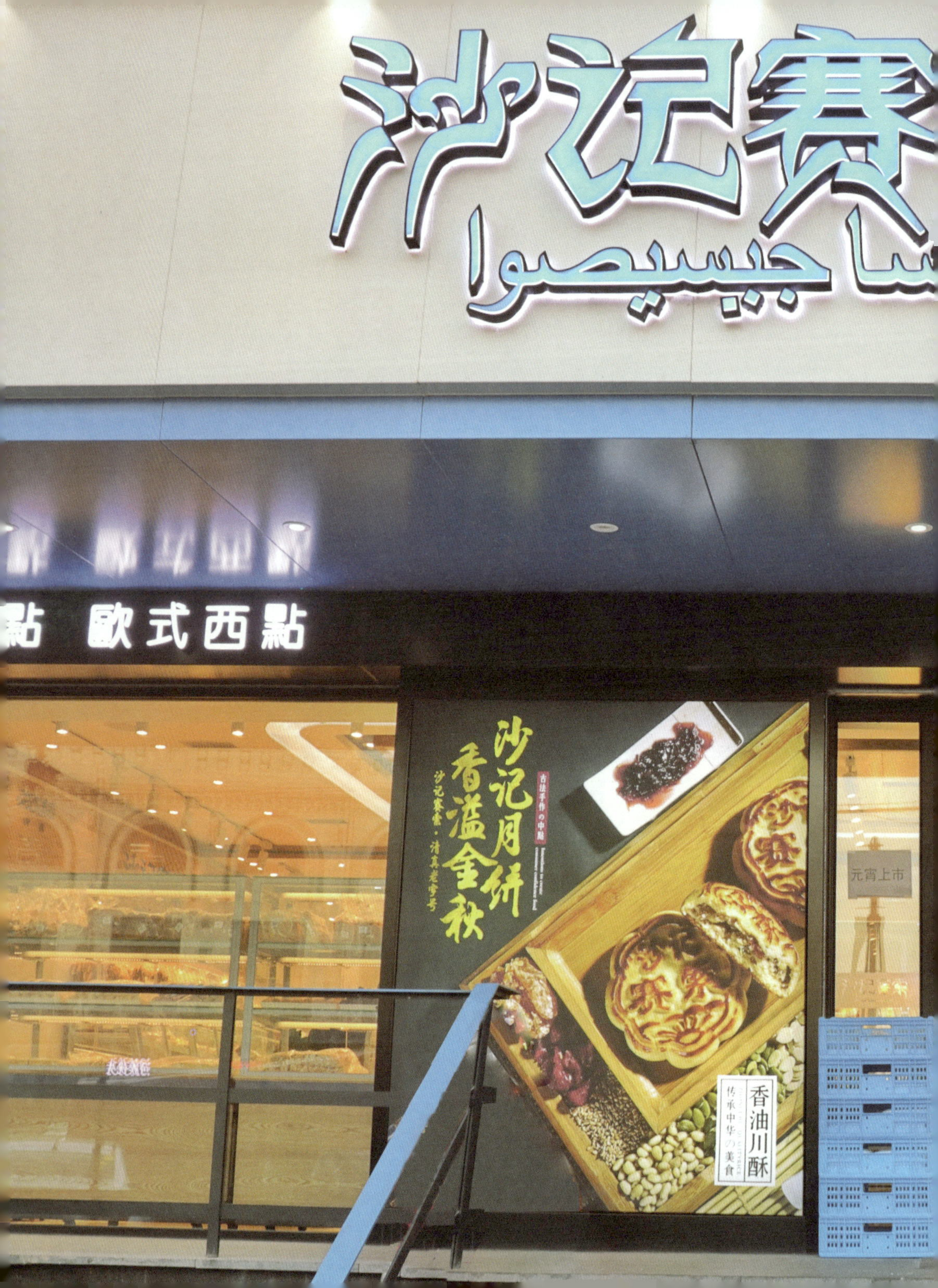

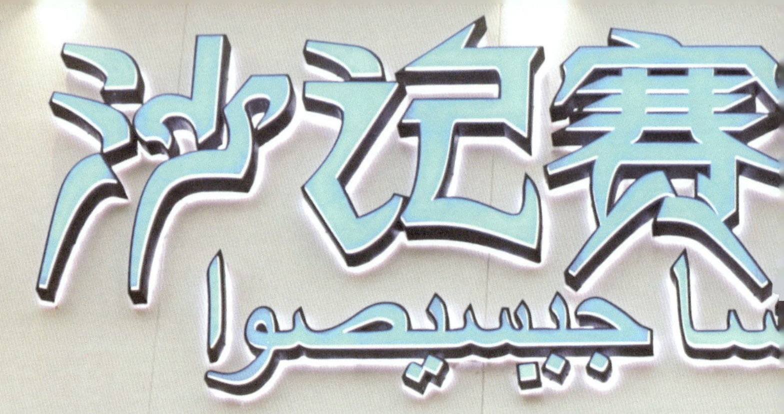

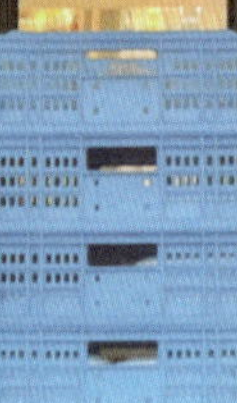

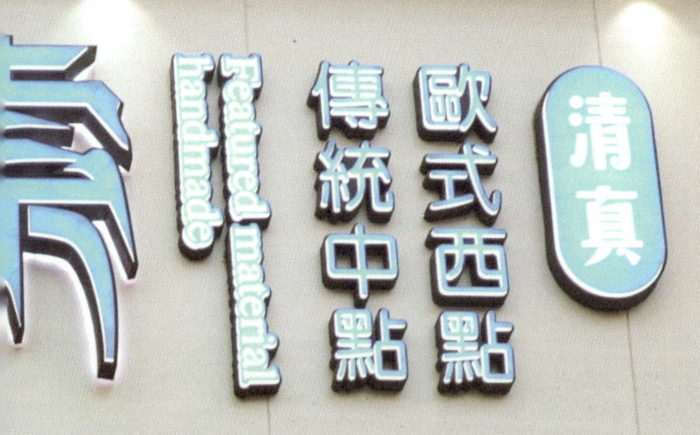

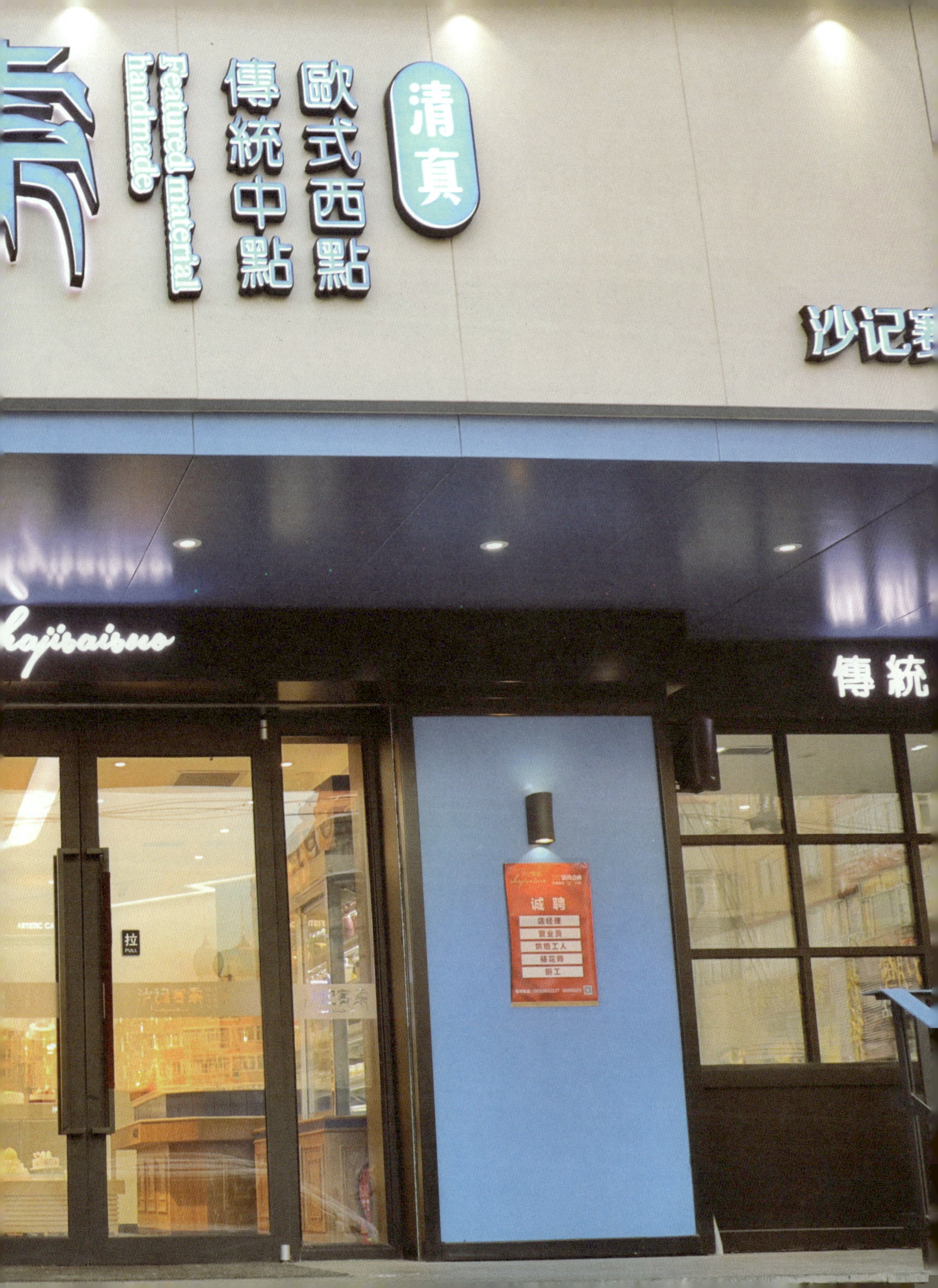
清真
歐式西點
傳統中點
Featured material
handmade
傳統
诚聘
拉
PULL

04 南岗博物馆 >

一座奇怪的建筑

南岗区是哈尔滨市最早设立的核心区域。南岗博物馆位于南岗区联发街1号，是目前哈尔滨的一类保护建筑。不管是在道外区、道里区，还是在南岗区，随便一个建筑似乎都是“百岁老人”，南岗博物馆也是由百年老建筑改名而来。南岗博物馆建于1904年，是俄罗斯花园式住宅的代表作，原为中东铁路管理局副局长阿法纳西耶夫官邸。

博物馆的作用是让我们了解历史，回顾过去。但南岗博物馆似乎是个例外，这座博物馆更多地是为了展现它建筑的与众不同。南岗博物馆是一座砖木结构的二层小楼，建筑风格有人说是俄罗斯风格，有人说是欧式风格，还有人说是混搭的风格，如何定义建筑风格对于不是建筑专业的我来说其实并不重要。我只知道南岗博物馆的这个楼，看上去让人觉得好奇怪。

哈尔滨市南岗区联发街1号
107、110路环线、120路公交车到省博物馆中心站下车步行约390米
9:00—11:30，13:30—16:00（周一休息）

南岗博物馆是一座黄绿色调的小楼，白色灰泥墙结合浅红屋瓦，连续的拱门和回廊，使这个小楼看上去很有特色。小楼里有七八种造型各异的烟囱，不知道是不是因为哈尔滨太冷，要多个管道来烧炉火用才有这么多个冲天而去的烟囱。小楼的窗户形状也很奇怪，窗沿像画上去的，有点像圣诞老人的胡子，略比胡子粗了那么一点儿，虽然奇怪，但也是一种特色。据讲解员介绍，南岗博物馆其实有鲜明的新艺术运动建筑风格。这一风格建筑在俄罗斯并没有兴建过，只是在哈尔滨有 5 座同类型建筑，南岗博物馆是其中保存最完整的。我不由得疑惑什么叫新艺术运动建筑风格？这个“新名词”我是第一次听说，好吧，权当就是我眼前的南岗博物馆吧。

南岗博物馆曾经是哈铁分局花园街幼儿园，这座清新不落俗套的博物馆，以它奇怪的外形让我记住了它。

P
参观博物馆
专用停车场
Parking lot

05 老厨家（文政街总店）>

好吃到哭的锅包肉

民以食为天，走再多的路也少不了吃，美食的诱惑又岂能阻挡。今天要走进的这家美食店名气不小，几乎是伴随着哈尔滨成长的一家老店——老厨家（文政街总店）。而这家店在哈尔滨几乎是无人不晓、无人不知。

1907 年，老厨家创始人郑兴文从北京赴哈尔滨，出任滨江关道衙门膳长，开创哈尔滨“南北交融，中西合璧”之独特风格，人称“滨江膳祖”。至今已传至第四代，老厨家也获得黑龙江老字号、黑龙江烹饪世家、省级非物质文化遗产、哈尔滨市非物质文化遗产代表性传承人称号。

哈尔滨市香坊区文政街 118 号

81、127 路公交车到铁路二院站下车步行约 300 米

9:00—21:00

0451-86475018

这是我在哈尔滨去过的唯一一家有着这么多称号的百年老店。

这家店最知名的菜品就是锅包肉。某美食节目曾对老厨家的锅包肉做过一期专访，反响强烈，让锅包肉走出了国门，而老厨家的团队也曾获得全球中餐最大赛事之一的荷兰鹿特丹第八届中国烹饪世界大赛团体金奖，其中热菜锅包肉、酥黄菜还另外获得“最佳味道奖”。

而我也是第一次尝到这么好吃的锅包肉，之前在范记永浅尝了锅包肉，已经觉得挺好吃了，但是在老厨家，不知道是什么样的秘方，也不知道是什么样的大厨，能将锅包肉做得焦烧而又酸甜爽口，真是绝佳美味！

有一种美食的味道，一定是那种久别家乡，归来后可以吃到眼泪纵流的那种味道。虽然我不是哈尔滨人，但锅包肉一定会成为我记忆中的一部分。

06 | 玉氏滋味坊（道里店）>

色香味俱全的东北菜

玉氏滋味坊虽然不是大牌餐馆，但即便是在 11 点才开始营业，依然是不到 15 分钟门口就排上了长队。

玉氏滋味坊是道里区评价最高、味道最正宗的东北菜馆。玉氏滋味坊虽然门脸不大，但是服务态度很好，馆内东北乡村式的装修风格融入了现代感，视野开阔，让人心情舒畅。从菜单上的图片就能看出菜量很大，有东北人的豪爽，席间的吆喝显示出东北人的不拘小节。

据老板介绍，他们这家店的厨子是地道的东北人，下手狠、量大、味重。辣得开花，当然也好吃得不得了。每道菜品中都透着东北人的大大咧咧，也让进店的人觉得轻松自在。

哈尔滨市道里区西十五道街 42 号（近中央大街）

2、8、12、16、20、23、64、65、79、83、101、102、103、118、201 路公交车到防洪纪念塔站或友谊路站下车

11:00—21:00

0451-87682229

玉氏滋味坊生意很火爆。必点的精品有黄桃锅包肉、干锅三黄鸡、素茄子、麻酱凉皮、陈皮牛肉、金牌锅烙、水煮肉片、焖猪手、玉氏杂炒等，主打锅烙。其次就是玉氏杂炒，菜的味道相当不错，咸淡适中，有点微甜的感觉。只是锅包肉味道确实不如老厨家。但这家店性价比超高，关键是量大，色香味俱全，可见东北人就是实惠。

我大爱这里的干锅三黄鸡，鸡肉嫩滑，汁多均匀，鲜美的鸡肉配上干煸过的辣椒，一口下去质嫩爽口，满口留香，回味无穷。金牌锅烙和焖猪手也是让人口水不断的必点之菜，这两道菜光色泽和配菜就已让人觉得很有味道，厨师们的用心一览无余。

玉氏滋味坊，地道的东北小馆，值得品尝！

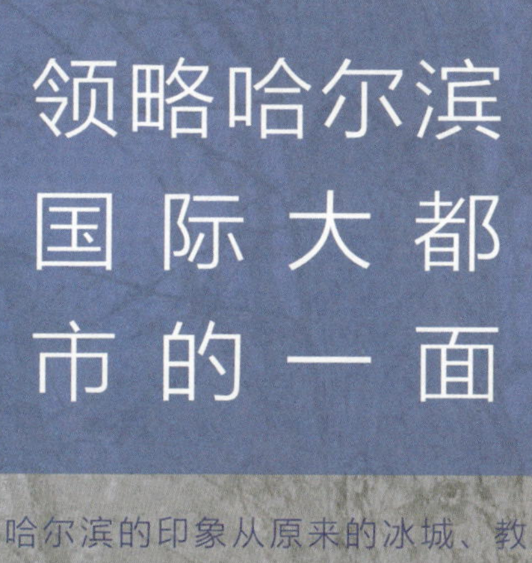

领略哈尔滨国际大都市的一面

我对哈尔滨的印象从原来的冰城、教堂之城又有了一个新的定义——贸易之城。

最诱人的美食宫殿

哈尔滨是一个各族聚集的城市，商贸的发展也随着这异域之间的往来而显得与一些港口城市颇为相似。天津的洋货市场、上海的商贸洋行在哈尔滨的商贸系统里也留有身影。哈尔滨的经济也与这些商贸的发展不无关系。从来没想过会在旅行的线路里将购物作为线路的主导，来到哈尔滨也是第一次颠覆了我过去的认识，哈尔滨的洋货商行很有特色，需要用一到两天甚至更长的时间才能领略其精华。

本次的线路是从逛伊万俄罗斯商品（地下）一条街开始，然后去品尝马迭尔冰棍和毛毛春饼，再至阿格洛夫洋行旧址，最后回到秋林食品商场。主要还是围绕着中央大街和果戈里大街的周边在行走。在这一线路当中，哈尔滨像一个国际大都市一般，各种本地品牌和国际品牌都能在城中找到身影。哈尔滨正在以其惊人的经济发展速度赶超着“北上广深”这样的大都市。

在哈尔滨购物，时间似乎都不够用，商品的种类太多，各国的小商品、特色商品，看见这件爱不释手，看见那件也不愿意放下，中西文化的结合在这些商品上表现出了高度的一致。有着包容心的哈尔滨让我看到其博大的一面。

友谊路
通江街
森林街
01 伊万俄罗斯商品（地下）一条街
红霞街
02 马迭尔冷饮厅
中央大街
尚志大街
一面街
经纬街
南极街
03 毛毛春饼（道里店）
04 阿格洛夫洋行旧址
一曼街
新阳路
果戈里大街
东大直街
05 秋林食品商场

伊万俄罗斯商品（地下）一条街

秋林食品商场

起始地：

伊万俄罗斯商品（地下）一条街

路线：

伊万俄罗斯商品（地下）一条街（购）—马迭尔冷饮厅（食）—毛毛春饼（道里店）（食）—阿格洛夫洋行旧址（游）—秋林食品商场（购、食）

终点：

秋林食品商场

01 伊万俄罗斯商品（地下）一条街 >

俄罗斯小商品展厅

伊万俄罗斯商品（地下）一条街，是一个以经销俄罗斯商品为主的个性化市场。据当地人介绍，这条街自然形成于 20 世纪 90 年代初中俄民间贸易最兴盛时期，随着当时俄侨迁居于此，两国的各种“倒爷”让一些具有异地差价、异域风情的商品层出不穷。尤其是一些为了谋生的俄侨，虽然有正式的工作，但仍利用个人的早晚时间，自发地在中央大街上摆地摊，最终形成了现在伊万俄罗斯商品（地下）一条街。这些商品从 20 世纪 90 年代以来一直受到国内外很多人的追捧，各种“倒爷”为哈尔滨提供了不出国门也能购买到的俄罗斯特产，同时也

哈尔滨市道里区中央大街 160 号附近
16、64、98 路等公交车到道里三道街站下车步行约 280 米
9:00—17:00

为俄罗斯人带去了东北的小工艺品。

伊万俄罗斯商品（地下）一条街发展到今天，一直是人山人海。周边的居民把这条街当成了日用品的采购地。不过，这里和一般的小商品市场还是有很大的区别，东西的质量要比小商品市场的质量好很多，当然，也有些鱼目混珠的，真假难辨。

伊万俄罗斯商品（地下）一条街里的店铺大部分是中国人在经营，偶尔会有说着流利汉语的俄罗斯人也在这里经营着小本买卖。据本地人热心地介绍，这里的东西需要淘，不是所有的商品都是从俄罗斯过来的，但即使是在本地生产的小商品，也都有着俄罗斯风情。

伊万俄罗斯商品（地下）一条街里的商品大部分是一些工艺品，套娃、锡器、俄式仿军用品、弹壳工艺品等琳琅满目，还有巧克力、各式俄式啤酒饮料。买的时候可以砍价，照着对半砍的节奏走，能买到不少既便宜又有特色的俄式商品。

喜欢俄罗斯小商品的人们一定要留出个一天半天的时间去逛一逛伊万俄罗斯商品（地下）一条街！

VIRTUS

02 马迭尔冷饮厅 >

越冷越爱马迭尔

哈尔滨的马迭尔就是冬日里的冰爽，夏日里的清凉。冬天的哈尔滨大街上，零下二十几摄氏度，但却常见有人拎着根冰棍，我也一直很好奇，为什么天越冷越要吃冰棍呢？而且还是一种习惯。据哈尔滨人说，到了哈尔滨不尝一尝马迭尔冰棍，就等于到了北京没有去长城和故宫一般遗憾。这支创牌百余年始终畅销不衰、无论炎炎夏日还是滴水成冰的三九天都有人排队购买的小冰棍儿，几乎成了哈尔滨的象征。

中央大街的马迭尔冷饮厅号称是最早的马迭尔销售点，也是最为正宗的味道。哈尔滨人对马迭尔的喜欢，就像对恋人一般，不见想念，见到了就欢天喜地。事实上，马迭尔是外来客，品牌（Modern）

哈尔滨道里区中央大街89号马迭尔宾馆旁
16、64、94路等公交车到道里七道街站下车步行约350米
9:00—21:00
0451-84884278

是由法籍犹太人开斯普于1906年在哈尔滨创立，距今有100多年的历史，开创了我国冷饮业的先河。当年的马迭尔为纯手工制作，专供上层社会精英名流享用，没有任何添加剂，是将牛奶、鸡蛋等混合固化后冰冻而成。那时哈尔滨的冬天就是天然的冰柜，马迭尔固化物放在户外就能形成现在的模样，为保证口感，如今正宗的马迭尔还是奉守着传统的工艺。口感也有蛋奶的纯正味道，而且甜而不腻，冰中带香，被人们追捧了上百年。

值得一提的是，在哈尔滨吃到的马迭尔与在其他地方吃到的味道的确不一样。即使在哈尔滨也需要在指定的专卖店购买，中央大街的马迭尔冷饮厅就是其中的一家。据店员介绍，在哈尔滨，授权的专卖店并不多，因而要吃到正宗的马迭尔最好还是做一下功课。

马迭尔冰棍方方正正，口味不多，奶香浓郁，价格适中。吃马迭尔是到了哈尔滨的标志，也是这个冬天里的一件趣事。

万龙
韩餐
石頭記
西七道街

马迭尔冷饮
MODERN FOOD
创始于1906年
马迭尔冷饮
MODERN FOOD
创始于1906年
1906
马迭尔面包

03 毛毛春饼（道里店）>

地道的东北春饼

在我国，立春吃春饼有喜迎春季、祈盼丰收之意。北方立春有吃春饼的习俗，尤其是东北、北京一带更是把立春吃春饼当成一件大事。毛毛春饼店是哈尔滨口味最为可口的春饼店之一。

春饼是面粉烙制的薄饼，一般要卷菜而食。最初的春饼是与菜放在一个盘子里，也叫春盘，而现在改良版的是将春饼烙成了一个薄饼，人们备上小菜或各式炒菜，随意卷入饼内，一饼多吃。

坐落在尚志大街 88 号的毛毛春饼店是哈尔滨有名的老字号中餐馆。据说这家店是毛毛春饼开得最早的一家店。店里一直保持着当初的原汁原味，店小菜精，很多人都是慕名前来。能把一件小事做到极致正是毛毛春饼店的精神所在。

哈尔滨市道里区尚志大街 88 号
105、21 路公交车到经纬街站下车步行约 320 米
9:00—21:30
0451-84616803

毛毛春饼曾以毛毛熏肉大饼又薄又有弹性而闻名，毛毛熏肉大饼是用猪油烙的，饼的劲道刚好，皮嫩黄薄脆，饼芯却有一定的厚度，烂烂的熏肉和配菜夹在饼里，再夹进葱、甜面酱之类的调味品，配上黄瓜、水果条等，半张半张卷起来，味道相当特别，好吃又耐饥饿。三张饼下肚能赶三里路。

毛毛春饼不单以春饼著名，各式的配菜和东北口味的炒菜也都相当不错。春饼真材实料，配上鱼香肉丝、土豆丝等菜，味道好极了。若再配上汤汁鲜美的经典苏泊汤，既可解春饼中菜的油腻，又可增加春饼的浓郁。毛毛自灌血肠也是毛毛春饼店的招牌菜，几块钱一大盘，煮得恰到好处，我是吃不惯血肠的人，但感觉这地道的东北血肠味道不一般，没有腥味，反而是浓香且不腻。

毛毛春饼店地道实惠，来到哈尔滨不妨到这家平价老字号东北馆子体验体验。

04 | 阿格洛夫洋行旧址 >

曾经繁荣的哈尔滨贸易旧址

阿格洛夫洋行旧址或许代表了哈尔滨在 20 世纪的贸易繁荣景象。阿格洛夫洋行旧址在中央大街上矗立了上百年，如今的楼宇之间早没有了洋行的身影，空荡荡的建筑似乎在倾诉着这些年的风云变幻。

阿格洛夫洋行旧址的小楼有 3 层，洋行的造型在众多的西洋式建筑中并不出类拔萃，但作为洋行，这样的一座小楼却是很生活化的，与上海的一些旧居非常相似，砖木的混合结构突出了年代的久远感，而这座楼也算是中央大街上保存比较完整的折中主义风格小楼。

行走在洋行旧址，对哈尔滨曾经繁荣的商贸景象的无限想象浮现在脑海。洋车、洋枪、洋火、洋衫，一切关于贸易的往来，商品的流通，在那个年代用一个“洋”字就让国人与外国人之间架起了一座桥梁。时光荏苒，当年的华丽与现在的商业繁荣是不是也有几分相似之处呢？不管在哪个年代，似乎人们都离不开买买买。或许贸易本质上百年来就没有发生变化，人们对于外来的人、外来的物，始终都充满着好奇和憧憬，而这似乎也是驱动我们社会发展的强大动力。若没有文化、商品的交流和融合，又怎么会有我们今天社会的进步。

虽然洋行的繁华已不在，但林立的商铺还原了部分洋行的旧貌，中央大街上的繁华在月色下演绎着新的格调。

🏠 哈尔滨市道里区中央大街与西十五道街交叉口北100米
🚌 111 环线、383、14 路公交车到经纬街站下车步行约 350 米
🕒 全天开放

05 秋林食品商场 >

有一种食品叫秋林

一个城市，一种饮食习惯；一个城市，一道特产风景。哈尔滨的美食不只是在老字号里，还在秋林食品商场里。秋林红肠、秋林大列巴、秋林果脯面包、秋林沙一克、秋林小包、秋林花色面包、秋林黑豆蜜酒、秋林干红葡萄酒、秋林草莓果、秋林马林果酱、秋林黑豆果酱……只有你想不到的，没有你吃不到的。秋林食品商场里简直就是秋林公司的食品科研展，各类食品是秋林公司上百年来的积累，有不少还获得了黑龙江省名牌称号。秋林食品用料实在，工艺传统，风味独特，卫生安全，承载了老一辈哈尔滨人最原始的食物记忆。

秋林公司似乎是中央大街上最核心，也最古老的商贸企业之一。秋林公司对于哈尔滨的贡献远不止那么一点点食物而已。秋林公司的食品风味影响到了哈尔滨人的饮食习惯，秋林的品牌带来了哈尔滨中

哈尔滨市南岗区东大直街319号秋林公司B1楼
夜2、6、7、8、10、13、14、18、31、55、63、74、89、92、104、109路公交车到秋林公司站下车
9:00—21:00

央大街一带繁华的贸易，秋林公司甚至已经融入了哈尔滨人的生活气息之中。到了哈尔滨，如果不去秋林食品商场买点东西，或者到秋林公司的大楼前留个影，就好像到了北京没有去王府井，到了上海没有逛城隍庙，到了广州没有喝靓汤一般。哈尔滨的秋林就是这么重要。不到哈尔滨不会明白“秋林”二字对于哈尔滨的意义所在。

秋林食品商场是哈尔滨美食的大卖场，也是到了哈尔滨首选的特产世界。秋林里道斯红肠、格瓦斯的柜台挤满了人。据店员说一天要销售上万袋的红肠，这些红肠受欢迎的程度简直难以想象。而品尝过的人都说，这里的红肠是全国最好吃的红肠，这里的格瓦斯是全国最好喝的饮料。于是我忍不住来了个特产套餐，除了大列巴有些吃不习惯，红肠和格瓦斯的确不应错过。

离开秋林食品商场还意犹未尽，人山人海的购物场景好久不见，美食爱好者们在这里绝对能过足了瘾！

进入洁白的冰雪世界

到处白茫茫的一片，世界的宁静都被哈尔滨冰雪里的嬉笑所打破。

冰雪世界里的欢声笑语

雪域风情哈尔滨。冰雪的世界没有寒冷只有欢快！在雪的世界里畅游，在冰的海洋里放飞自我。

无论是极地馆，还是冰灯游园会，无论是冰雪大世界，还是亚布力滑雪场，冰雪的世界中都充满了五光十色，充满了艺术气息，这里不再是单调的色彩，不再是寂寞的嘹亮，暖流在空气中弥漫，别样的生机在这个冬天里显得蓬勃跳跃。天气尽管很冷，冷得只能在户外待上个十几分钟，但广阔的冰雪世界透着无限的诱惑，令人好奇不已。贴心的休息扫去了冰雪的冷意，一杯温水，一丝亮光，一排排座椅，犹如雪天里的阳光，温暖着每一个人。欢快的我们像脱缰的野马，在广域的草原上奔腾，如战士一般地勇猛向前；我们在天地之间运动，雪花伴着身影轻舞，当雪花四溅，耳边响起的是欢声笑语，速度与极限的刺激让每一个人都兴奋不已。雪一片一片，我在哈尔滨的冬天里尽情地舞蹈。

哈尔滨的冬天是浑然天成的，雪域的天堂里有我的身影，感谢这个冬天里有一段如此精彩的旅行，遇见雪，遇见哈尔滨，是所有遇见中最特别的冬天。

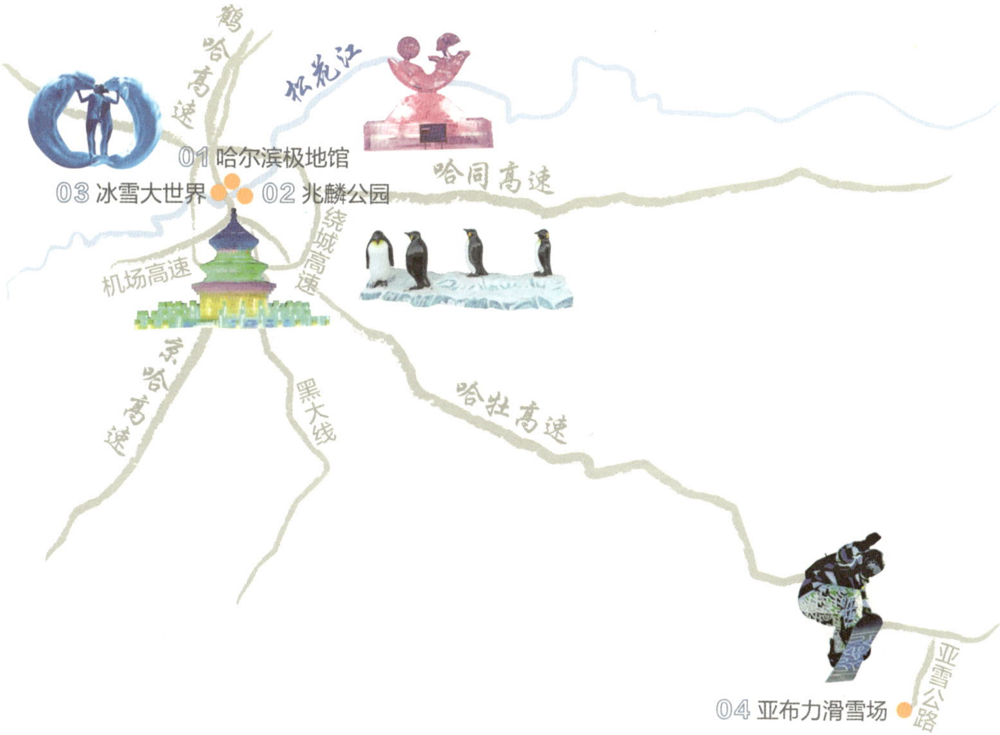
鹤哈高速
松花江
01 哈尔滨极地馆
03 冰雪大世界
02 兆麟公园
哈同高速
绕城高速
机场高速
京哈高速
黑大线
哈牡高速
04 亚布力滑雪场
亚雪公路

滨极地馆
Polarland Since 2006

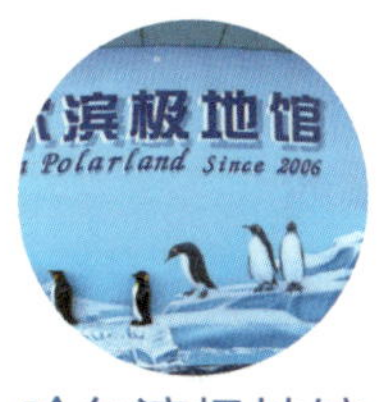

哈尔滨极地馆

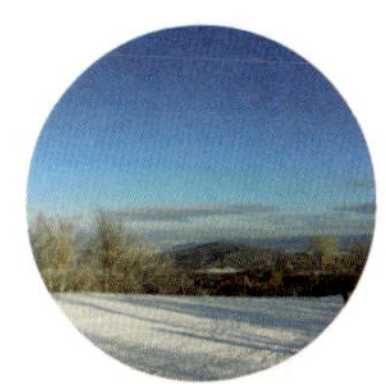

亚布力滑雪场

起始地：

哈尔滨极地馆

路线：

哈尔滨极地馆（游）—兆麟公园（游）—冰雪大世界（游）—亚布力滑雪场（游）

终点：

亚布力滑雪场

01 哈尔滨极地馆 >

世界首座极地演艺游乐园

不知道从什么时候开始，神秘的极地世界成为无数旅游爱好者心中的终极旅游胜地，也有越来越多的高端旅游人群如愿以偿地踏足了那片人类曾经的禁区，但动辄数十万元的旅游费用使得能得偿所愿的毕竟只是少数人。作为中国最靠北的省份，黑龙江冬季的冰天雪地最为接近我们心目中北极的印象，哈尔滨极地馆就是这样一个因地制宜的特色游乐园，将极地动物带到你的身边，带你领略极地风光。

哈尔滨极地馆隶属哈尔滨亚圣极地公园，被评为国家4A级旅游景区，是国内乃至世界首座极地动物演艺游乐园，现在已经成为哈尔滨国际冰雪节四大景区之一，是哈尔滨的特色旅游景点之一，被全球最大旅游网站“Trip Advisor”评选为“全球杰出景区”。刚看到极地馆的介绍，会把这个地方与动物园的海洋世界联系在一起，事实上，这里的动物仅是海洋动物中极能耐寒的动物们。白鲸、北极熊、企鹅这些珍稀动物在极地馆最受欢迎。

哈尔滨极地馆分上下两层，内部布置独具匠心，馆内布置了多个主题场景，使游客身临其境。从入口可直接到达2层，首先来到的是大兴安岭展区。大兴安岭位于黑龙江省西北部、内蒙古自治区东北部，是黑龙江省最广为人知的地方，极地馆将大兴安岭作为第一个主题展区，运用了高科技的声、光、电展示技术，悬挂着鹿头、猎枪、弓和弩的猎人屋，旋转的风车，欢快的老水车映入眼帘，远处是苍茫的雪山，近处潺潺的流水中上百种叫不出名字的鱼儿，刻画出大兴安岭的原始风貌，展现了大兴安岭的游猎文化。

紧接着的是仿照美国旧金山渔人码头原貌布置的渔人码头主题展区，一幅椰树、蓝天、海岸、沙滩交相呼应的浪漫景色。这里生活着数十种、近百尾珍稀鱼类，它们都是海水鱼，如蝴蝶鱼、神仙鱼、狐狸鱼、炮弹鱼、小丑鱼等。最贴心的是旁边还有一个专为儿童设置的“亲水区”，儿童可以自由进入，让孩子们可以近距离地接触那些海洋生物，体会大自然的神奇和美丽。渔人小屋里的珍贵照片，真实再现了一个多世纪前海边渔民的生活，刚好和之前大兴安岭展区的山民游猎生活形成对照。

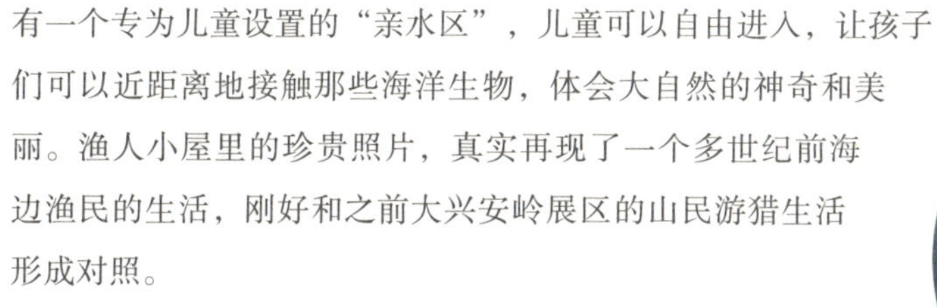

接下来就来到了极地馆的核心展区——南极企鹅岛。这里就是一个封闭的南极局部，有极地的白天黑夜、日出日落、罕见的暴风雪，甚至还有极昼极夜等特有景象，17 只王企鹅和白眉企鹅在这里无忧无虑地生活。这个区域还还原了南极科考供给站的真实场景，有极地帐篷、Argo 水陆两用探险车、科考物资堆放点等，给游客们展示了极地科考的真实工作场景。

下到 1 楼就是表演区域了，也是极地馆中最精华的部分。经过提炼整理，目前极地馆将动物表演整合成为 7 个主题，分别是白鲸主演的《海洋之心》、海象海狮参演的《疯狂海狮总动员》和《憨逗海象》、世界首创的《冰海鳐鱼秀》、霸气的《北极熊情景剧》、游客可以参

与互动的《海豹训练堂》、憨态可掬的《企鹅曼波的一家》和全球最具创意的表演团队为您带来的一个奇妙狂欢 Party——《欢乐巡游》，具体演出时间景区有公告。动物演员们都非常专业，所有的演出都非常精彩，独有的白鲸表演最为震撼，堪称视觉盛宴。驯兽师的表演惊心动魄、非常专业，跟白鲸的关系看来是和谐美好的，而白鲸们的表演也堪称是完美的演出。在《我心永恒》背景音乐的衬托下，观众们如痴如醉，甚至有观众热泪盈眶，人和动物在这里互相欣赏和珍惜，构筑着人类和动物的友谊画面。看过一篇国外关于白鲸的训练的报道，白鲸是不惧怕人类、愿意与人类亲近的，但很多动物园将它们从海域中捕来，经过严苛的训练让它们表演各种高难度动作，一些白鲸因为某些表演没有完成到位而受罚，导致它们长期压抑，精神沮丧。希望在极地馆的这些动物们，不会因为我们的到来而增加它们的负担，在动物给我们带来欢乐的同时，也希望人类对它们多一些关爱。

哈尔滨极地馆的最大看点其实就是这些表演，极地馆不算大，但很值得去一睹极地动物们的风采，与它们相处片刻，感受一下动物们逗趣的表演世界，亦简单亦复杂，哈尔滨的旅行自然变得丰富起来。

哈尔滨市松北区太阳大道 3 号（近太阳岛公园斜对面）
47 路、47 路区间公交车到太阳岛道口站下车步行约 850 米
9:00—17:00

02 | 兆麟公园 >

四天必游 五天必游

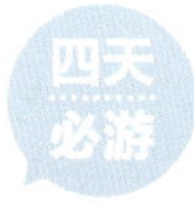

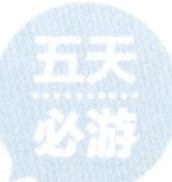

冰雪中绚丽夺目的灯光

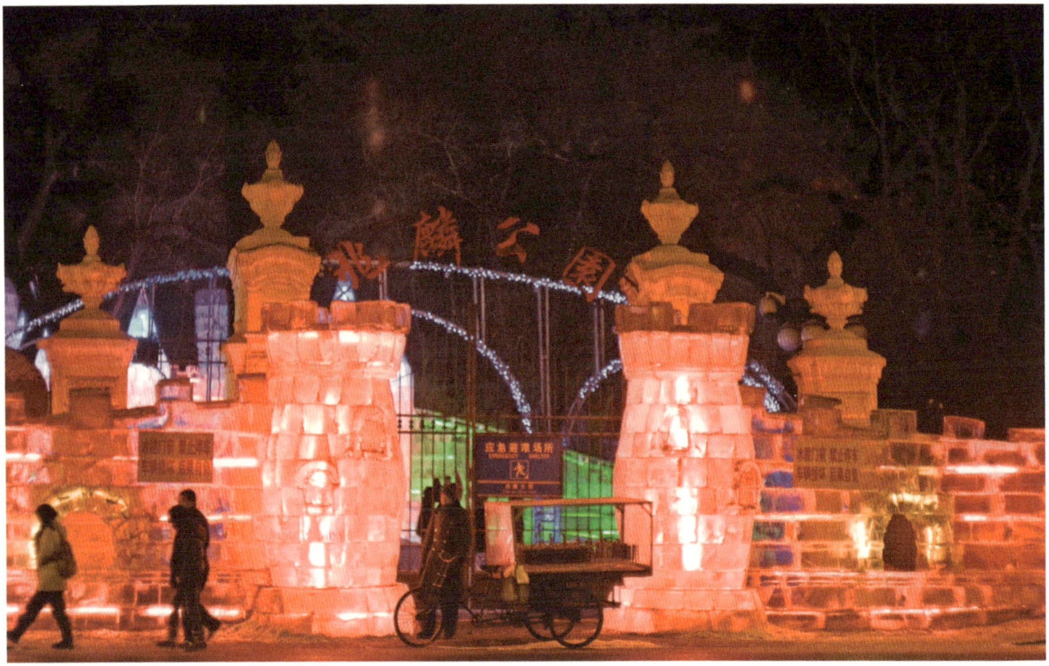

冰灯是东北地区古老的民间艺术形式，因为独特的地域优势，黑龙江省是制作冰灯最早的地方。哈尔滨的冰灯在全国上下都有一定的知名度。

一场冰灯展，就是一场艺术盛宴。哈尔滨兆麟公园每年冬季的1月5日到2月末，都会举行被人们称为“永不重复的童话”的冰灯游园会。冰灯游园会不仅是兆麟公园的最大亮点，也成为哈尔滨城市冰雪旅游的名片。每年一季的冰灯游园会，将整个兆麟公园变成了冰的世界，灯的海洋。兆麟公园在冰灯游园会期间会隆重推出各式的冰雕、冰灯、雪雕，丰富了哈尔滨人的业余生活，也吸引了国内外慕名而来的游客们。

据当地人介绍，冰灯是松花江上打鱼人最先使用的。那时候的江边有冬季晚上捕鱼的习俗，寒冬腊月在江面上凿个大冰窟窿，用空气、光亮和诱饵吸引鱼群，由于江面上燃不起灯火，只好用大块的冰罩住蜡烛，当作捕鱼的照明工具，而这样的冰罩蜡烛就是最早的冰灯雏形。慢慢地人们发现，冰可以凿成各式的形状，再在这些各式的造型中装上灯，又亮又实用，在冬天，就算遇到再大的风雪，冰灯也能独树一帜地点亮黑夜。松嫩平原上扛活喂马的佃户农夫、闯关东做豆腐的老少爷们曾一度都依赖着冰灯起早摸黑。由于制作简单、美观耐用，到后来冰灯就成了穷人逢年过节图个吉利、讨个喜庆的装饰，多摆在院子的两个门垛子上，或由小孩子们拎着满世界跑。到了现在，擅长雕刻的能工巧匠们从松花江里取出大块大块的冰，用各类雕、凿、锯、锉、钻等工具，把它们打磨成各式各样

的人物、动物、植物、建筑物等的样子，再在这些冰雕里面安上五颜六色的电灯泡，就制成了奇妙的冰灯。这是哈尔滨最早的冰灯，体现了哈尔滨人因地制宜的聪明才智。

首届冰灯游园会从提出到完成布置，前后只用了4天时间，创造了一个奇迹，哈尔滨人将这种精神称为“冰灯精神”。冰灯游园会让哈尔滨的冬天不再死气沉沉，给哈尔滨带来了别样的美丽。

心灵手巧的艺术家和能工巧匠赋予了松花江中天然冰块生命，将冰冷的冰块变成了一件件栩栩如生的精美艺术品，还有那松花江上的体育活动，如坐冰帆、打冰猴、溜冰、观看冬泳比赛和冰上婚礼，冰灯游园会完美地实现了当初设立的初衷，让冰灯这个曾经哈尔滨穷苦人的“穷棒子灯”，成了哈尔滨面向世界的一张另类名片，展现着哈尔滨独特的冰雪文化和哈尔滨人的乐观精神。

冰灯游园会让我早早地体会到了“年味”，在这个岁末的季节，在大雪纷飞的日子里，冰灯游园会带给了我一场视觉盛宴。冰灯塑造的兆麟公园如一个梦幻王国，我在这个王国中行走，关于冰雪的想象力伴随着变幻的冰灯变得极为生动。冰灯用灯光照耀着哈尔滨的上空，用艺术匠心让我感受到了丰富多彩的哈尔滨夜色，流连于哈尔滨各种冰雪节之间的我穿越在夸父逐日、嫦娥奔月、屈原吟诗等一系列的故事长河中，哈尔滨真是个神奇的世界！

哈尔滨市道里区森林街 377 号兆麟公园
16、23、64、83、85、94、98、夜 1 路公交车在道里三道街站下车步行约 340 米
9:00—21:00

03 冰雪大世界 >

奇妙迷人的冰雪王国

一天必游　二天必游　三天必游　四天必游　五天必游

“北国风光，千里冰封，万里雪飘”，哈尔滨冰雪大世界在这飘着雪吃着炸鸡喝着啤酒的日子里迎来了举世瞩目的一年一度的开园盛会。若说举国同庆似乎有点夸张，但冰雪大世界的娱乐却着实值得期待！冰雪大世界是一个银装素裹而又华丽的世界。夜幕降临，华灯初上，松花江边一片华美的景象，变幻着五光十色的身影。我有幸在这冰凌的时光中见证冰雪大世界那略带传奇色彩的冰与雪的交汇和融合。冰雪大世界对于我来说，是一场有颜值的灯影表演、一场震撼的文化之旅。我很难用一些文字准确地来描述冰雪大世界旅行中惊艳的一幕又一幕，或是景观，或是灯影，或是微观建筑，或是娱乐项目，带给人们美轮美奂的赞叹和兴奋刺激的尖叫，从各类官方的数据和我所领略到的冰雪大世界的实景来看，岁末年初这里将迎来最为欢快的节日盛典。

冰雪大世界一般是每年的 12 月 20 日左右开园。冰雪大世界开园之前，园内的工作人员都会紧张地忙碌着，即使是风雪交加也丝毫不会影响他们的创作工作。经过能工巧匠的雕琢，看似平淡无奇的冰雪

却胜似奇花异草，玉塑牙雕，人们赋予了冰雪情感，用形态各异的作品表达着不同的精神世界。钻进洁白的冰雪世界，原本苍白的银光却到处呈现出流红叠翠。洁白的世界充斥着流光溢彩，雪的世界里孕育着花的海洋，转身又成了灯的魅影。我想，冰雪大世界不仅是雪的幻象，更是各国建筑精髓的浓缩版。哈尔滨人以其独特的情感、精巧的设计，用无情的冰雪创造了一条走向世界的心灵之路。

我漫步在冰雪大世界的灯光冰影之间，思绪飞扬，面对数不清的冰灯、看不够的美景、转不过来的雪场娱乐，似乎忘却了冰冷。不得不说这里很冷，但我却舍不得离开！整个冰雪大世界要想全方位地体验，一天的时间根本不够用。

冰雪大世界的景色美轮美奂，堪称冰雪迪士尼乐园。哈尔滨人几乎是用生命在打造这个冰雪的王国。

冰雪大世界分白天场和夜场两种门票。两种票都可以玩到晚上闭园。白天以冰雕展示为主，主要娱乐项目包括冰刀、滑雪、高空索道、滑板、雪圈、超长冰滑梯等。冰刀、滑雪项目可能比较常见，在冰雪大世界里玩的人不是特别多。这里的室外温度比起其他的雪场可能还要再低 2 ～ 3 摄氏度，甚至有人说可能低 5 ～ 10 摄氏度，周边都被冰雪包裹着，异常得冷！而超长的大滑梯在白天不管温度有多低，都丝毫没有减少人们排队等待一滑的热情。长长的队伍让我几次都想放弃，旁边立着一个有趣的小牌子写着“事实证明，南方人比较能挨冻”，不知道是谁的恶作剧。从队伍中的人群来看，东北本地人

的确不多，不少是来自南方一年四季见不到雪景的人们，到了这冰雪大世界之中，就像见证奇迹一样兴奋，一边搓着快要冻僵的手，来回抖动着身体取暖，一边却非常执着而欢快地排在队伍之中。此时的我不由得为我们这一群执着的人们点赞，也为冰雪大世界的娱乐魅力点赞。轻松的环境、独有的冰雕雪景、刺激的雪场项目才足以撬动不怕天寒地冻的精神。大滑梯的确很刺激，冰冰凉凉的，坐上去很快就滑完了，全身来个冰凉SPA，又爽又刺激。好想再体验一次，但看着漫长的队伍就没有勇气坚持了。喜欢这个项目的一定要早到，越早人越少，门票也越便宜，所以说“早起的鸟儿有虫吃”是有道理的。至于攀冰岩、雪地迷宫和雪地球类等项目，有时间的话也可以体验一下，这里的设施高大又纯天然，和其他冰场相比辽阔不少，但是一定要注意保暖，暖宝宝是必备神器，多贴一些就不会觉得冷了。

晚上的冰灯是冰雪大世界中最受欢迎的项目。下午五点开始冰灯亮起，到了夜场人会越来越多，一座座梦幻的冰雕城堡和五彩的灯光共同照亮了整个冰雪大世界，场面极其壮观。巨型冰雕亮起灯之后，显得霸气侧漏，各式的建筑都有了生机，真的很美！如果说白天的冰雕是沉睡的“白雪公主”，那么晚上这些冰雕就像被解开了巫师的诅咒，变成了活生生的“白雪公主”在夜色中舞蹈，而我们都是“白雪公主”

的仰慕者，为她的被唤醒而欢呼雀跃。走在这寒冷的夜色之中，我仿佛置身于一个色彩缤纷的冰雪海洋，天地辽阔，无奇不有！除了灯会，冰雪大世界的晚上还有室内的冰演秀场，以异域风情舞蹈表演为主，是夜场最为期待的节目之一。喜欢看表演或是怕冷的人们不妨去看看，那里的人非常多，至少得提前半个小时去排队。我自然是从早上玩到了闭园，但还是觉得意犹未尽！

令人震撼的冰雪大世界已成了每个冬天来哈尔滨的人最想去的地方。来自全世界的人们似乎都开始向往冬天的哈尔滨，向往在洁白的冰雪世界里走一走，在夜晚的冰雪世界里畅游一番。庆幸我能在这样的日子里为大家见证冰雪微雕的宏伟壮观，这冰冷而又有温度的世界里有我一惊一乍的震撼，尽管每一个艺术作品前都挤满了脑袋，尽管每一个受追捧的娱乐项目都需要耐力去排队，而我仍想穿越这无数的艺术大作，用我带有温度的手指划过硬朗的冰块，以此来告诉自己，冰雪大世界有我到此一游！

冰雪大世界是松花江上的冰雪风景线。大型冰雕展汇聚了世界最高、最长、最大的冰雪景观，还有全球知名建筑、经典卡通形象，让我叹为观止；冰上赛艇、狗拉雪橇、大滑梯、攀冰岩、迷宫、雪地激战、雪地足球、冰沙壶球等冰上项目，让我见识到哈尔滨真正的冰雪风光；欧洲风情歌舞表演、哈尔滨冰上杂技秀、室外大型冰雪实景演出精彩纷呈，让我耳目一新。冰雪大世界是一群人的狂欢，而我仅是这一群人中新进的一员。

每一届的冰雪大世界，都吸引着无数冰雪爱好者如朝圣般地向着哈尔滨会聚。我想，哈尔滨冰雪大世界既是冰天雪地中的奇迹，也是人类与大自然友好共处的奇景。

哈尔滨市松北大道松花江北岸（太阳岛西侧）

1. 旅游专线车：友谊路发车，途经友谊路、公路大桥至冰雪大世界终点。运营时间为 9:00-22:00

2. 直达公交车：在中央大街苏宁电器门口乘坐 29 路到冰雪大世界站下车或乘坐 88、118 路旅游双巴直达

3. 换乘公交车：先乘坐 12、14、22、65、67 路公交车到公路大桥站，再转乘 80、85、346 路等公交车在冰雪大世界站下车

每年 12 月下旬至次年 3 月初 11:00—21:30

04 亚布力滑雪场 >

滑雪爱好者的乐园

早晨，天空晴朗，阳光明媚。经历了冰雪大世界的震撼，终于要与皑皑白雪亲密接触，体验风一样的存在。见到真实的亚布力滑雪场，兴奋中夹杂着紧张，一通忙活之后直接上了雪道。雪光照射下的6个大字“亚布力滑雪场”在眼前显得格外耀眼。远远望去整个滑雪场犹如皑皑雪山，神秘莫测，又好似白雪皇后的城堡，如仙境般美丽！这儿到处都是白茫茫的一片，山路盖上了白色的厚棉被，两旁的青松正做着美梦，约50厘米厚的雪，脚踩上去不断地发出咯吱咯吱的响声。我小心翼翼地挪动，生怕过于激动而停不下来。

都说亚布力滑雪场精彩又刺激，为了了解亚布力滑雪场我也没少做功课，先科普一下亚布力滑雪场的前世今生。亚布力滑雪场建在亚布力旅游度假区内，是国家4A级景区，位于黑龙江省哈尔滨市尚志市亚布力镇东南20千米，距哈尔滨市240千米，距雪乡88千米。清代时，这里曾是皇室和满清贵族的狩猎围场。可见那时的贵族也都是爱生活、会享受的，在清代从北京到亚布力可不是几小时就能抵达的，此地若没有一定的吸引力，相信他们也不至于如此折腾。亚布力虽然是个小镇，但在世界公认的冰雪、森林、海洋三大旅游资源中亚布力却占了冰雪和森林两项。亚布力度假区内不仅有滑雪场，还有亚布力雪山水世界、亚布力熊猫馆、亚布力虎峰风景区等供游人选择，而最被世人所熟知的还是它的滑雪场。这里春天四野飘香，花开满山；夏天苍山滴翠；秋天霜叶红于二月花，正是红枫树最为艳丽的时候；到了冬天则冰霜不断，雪飘万里，凛冽的寒风犹如伤秋之绪，厚厚的白雪把大地盖得严严实实。当天若想从亚布力滑雪场往返于哈尔滨市必须得起个大早，不然一定玩得不尽兴。

亚布力滑雪场被誉为黑龙江乃至中国最好的滑雪场。各种初、中、高级雪道横贯其中，不管你会不会滑雪，都能在其中找到乐趣。亚布力滑雪场场内还有长达 5 千米的环形越野雪道及雪地摩托、雪橇专用道，设有 3 条吊椅索道、3 条拖牵索道及 1 条提把式索道。由高山滑雪场、自由式滑雪场、跳台滑雪场、越野滑雪场和冬季两项滑雪场等 5 个竞技、训练场地和两个旅游滑雪场组成。雪场内的设施非常完善，其中高山滑雪道是亚洲最长的滑道。滑雪者可以从任何一处乘索道，不需要脱掉雪板就能滑遍场内全部雪道。

亚布力滑雪场适合任何水平层次的滑雪爱好者，不同水平层次的滑雪者都可以在这里找到适合自己的雪场。对于滑雪初学者，一定要找教练、一定要找教练、一定要找教练，重要的事情说三遍！专业的教练，不仅可以让你快速掌握正确的滑雪技巧，还可以避免很多的危险。若想在亚布力体验在雪地上风驰电掣般的激情，好学者们需要专业的技能防身，就算是摔跤，也需要有技巧。

进入滑道要提前做好准备工作，防寒装备的重要性次序为：防滑靴棉鞋—棉裤—棉衣—帽子（特别推荐把耳朵包起来的那种）—防水防风手套。在雪场上，出于安全考虑，不建议穿白色系的外套。护肤品，尤其是润唇膏和护手霜一定要备好，北方的冬天普遍干燥，亚布力也不例外，皮肤、嘴唇容易干裂。对于相机、手机等设备要格外保暖，户外慎用。

我已不是第一次滑雪，但来到银装素裹的亚布力，仍像第一次滑雪一样兴奋，迫不及待地换好鞋子，拿好“拐杖”就上路了！亚布力的雪道分布比较直观，分A索和B索两个区域。A索比较长，有个中站，可以下来，也可以一站到顶。滑下的一路沿途有好几个山脊。山脊的末端就连着B索。我滑了A索下的道，B索的雪道雪质更好，很平整，但因我技术一般，没敢去尝试。A索雪道长度是够的，落差500多米，到山底的阶段有很长很宽的缓冲区，很适合我这样的初学者。沿着山脊滑的时候，抬头会看见不远处一个更高的白色山顶，有条很长的雪道。那是隔壁省体委雪场的山头“大锅盔”，落差有八九百米，据说难度较大。我一开始只是平行式随便滑滑，但神不知鬼不觉地，刃就自然而然跑起来了。坡度刚好，再缓一点儿不够爽，再陡一点儿又不敢加速。有两个大坡陡一些，多滑两趟胆子大了也适应了。我感觉自己像高山速降运动员一样，根据雪道的宽度，来回换刃回转。面红耳赤，心跳加速，几趟下来，大脑一片空白，太爽了！最让我觉得刺激的就是坐上缆车试着从300米朝下冲！呈极速状滑下去！在雪白的道路上享受风驰电掣的冲击，风在耳边一阵阵地呼啸而过，偌大的天地之间感觉只有我一个人在前行，前所未有的征服感和满足感令我无比开心！亚布力滑雪场让我重新回到了大自然的怀抱，享受了运动之美，体会到运动之愉悦！

冬季的亚布力有绝不会让大家失望的满山的积雪，选上一条适合自己的滑道玩上几个小时，在这林海雪原之中奔驰，在空气清新的雪地放松身心，如果能待上个两三天，将是一件多么美妙的事情！

哈尔滨市尚志市亚布力镇东南20千米

从哈尔滨南岗对路客运站乘坐877、977、978路长途汽车到亚布力镇，换乘中巴车直达。哈尔滨龙运客运站每天8:00和13:20各有一班开往亚布力风车山庄的旅游班车

10:00—20:00

伊春 >

冬日的伊春有些不一样

伊春市最吸引人们眼球的是林海奇观，“绽放”在五营的国家森林公园之中的一片天然红松林创造的林海奇观。

犹如世外桃源的山林

这里是林海雪原的故乡，茂密的参天巨树，零下三四十摄氏度的凝结，让这个原本就已经犹如世外桃源的山林，变得越发的安详而又恬静。这里是隆冬中白山黑土地中的茂密一方，也是银装素裹的雪世界中最令人痴迷的一角。

来到伊春，满眼的山林是这里最为诱人的风景，错过了夏日的枝繁叶茂，那就别再与冬日的霜冻大地的景象失之交臂。

伊春周边有许多茂密的林场，五营国家森林公园是红松原始森林保持最完好的地方，也是亚洲规模最大、最完整、最有代表性的红松原始森林集散地。一望无尽的美溪回龙湾森林公园位于美溪汤旺河畔，山林被负氧离子毫无缝隙地包裹着，丰沛的水源为山林增添了一幕湖光山色的美景。兴安森林公园拥有迷人的森林风光，四季颜色的更迭，使这片山林成了一幅迷人的四季画卷。汤旺河国家公园是我国历史上的第一座国家公园，它的两大特色即为保留完整的生态系统与地质景观，茂密的植被成了人们躲避城市污染、亲近自然的好地方。

伊春的山林里也有恐龙的足迹，嘉荫恐龙国家地质公园就是这样一片充满神奇的园区，龙骨山是这片园区最为精彩的一角。行走其间，仿佛时光穿越，回到蛮荒的白垩纪。走进中国地质博物馆嘉荫恐龙馆，感受史前文明的魅力。

05 嘉荫恐龙国家地质公园

04 汤旺河国家公园

01 五营国家森林公园

伊春

03 兴安森林公园

02 美溪回龙湾国家森林公园

五营国家森林公园

嘉荫恐龙国家地质公园

起始地：

五营国家森林公园

景点：

01 五营国家森林公园（游） 02 美溪回龙湾国家森林公园（游） 03 兴安森林公园（游） 04 汤旺河国家公园（游） 05 嘉荫恐龙国家地质公园（游）

终点：

嘉荫恐龙国家地质公园

01 五营国家森林公园 >

绽放的林海奇观

五营国家森林公园作为黑龙江省的国家自然保护区，位于小兴安岭南坡，东临新青国家湿地公园，有着中国规模最大、保存最完整的红松原始森林带。“林都待客不用酒，捧出绿色就醉人”是伊春五营国家森林公园的写照。都说五营国家森林公园是一个清心洗肺的好去处，茂密的植物，满眼的清新。冬天的伊春，那片茂密的红松是否依然挺拔？踏雪的日子，带着无比激动的心情走进了五营国家森林公园这个纯洁的地带。

古树苍天，林海茫茫。迈过深秋，刚入冬季，还未到冬至的五营国家森林公园的木栈道上铺上了一层薄薄的雪霜，深林里天然的红松林披着雪白的战袍在冬日的阳光中显得耀眼而威严。踏进公园，太阳还没爬上山头，顺着上山的木栈道，往森林深处走去。此时的我简直如在童话里的森林中前行，沿路有一个又一个的小木屋，层顶上盖着薄薄的雪，炊烟在木屋屋顶升起，结满冰凌的房檐下，仿佛随时都会有 7 个小矮人出现，又仿佛有一群蓝精灵在这森林深处劳作。偌大的公园，只有零星的几个游客和寥寥的工作人员，如此的静谧。我不禁感叹：冬天的五营国家森林公园美得一塌糊涂！

我一口气爬上了瞭望塔顶，在塔顶俯瞰森林，红松林圈出了一道道的金边，吐纳着最纯净的空气，空旷的森林之中，木屋的身影缩得很小。洁白的雪、深色的小屋、可爱的小松鼠、独有的栈道，勾勒出一幅宁静而又不乏灵动的画面，没有惊、奇、险的大森林是如此的精美、静美！时间在塔顶的小屋里流淌，我迟迟不肯离去，生怕再移一步就会从这童话的世界里走出。小屋内布满了冷空气凝结的窗花，世界之大，五营国家森林公园的美景摄人心魄！

从瞭望塔继续前进，通往天赐湖的木栈道上修筑了一座铁索桥，桥面上的木条伴着雪痕发出吱吱丫丫的声音，铁桥摇晃得厉害，但铁链和木条均被白雪覆盖，看不出样子，快速地通过,居然也稳稳当当。桥中间有两棵松树,直直地立在桥上。太阳从铁索桥中间照过来，一道道光晕让雪中的树林蒙上了梦幻的轻纱，像雾、像云，原始森林的纯净和圣洁在这一道道的光晕中更显精彩，能在脑海中记忆一辈子！深一脚浅一脚，很快到达了天赐湖，此时的太阳已升到了半空中，湖水已

结冰，阳光照射在湖面上，反射出不一样的光芒和颜色。旁边是枯木林立，树干上满是结晶，看上去如诗一般令人心动，又如画一般安静。天地之大，旅行的我有幸踏足，一览这湖光水色，真是荣幸之至。

天赐湖是五营国家森林公园最知名的景点之一。据说它是天然形成的湖泊，也是东北三省的国家森林公园中最大的天然湖泊。天赐湖在没有结冰时，阳光照射之下会闪闪发光，轻捧起天赐湖的湖水，能看到水中漂浮着细细的金色沙粒。据工作人员介绍，湖里真的有金沙，只因储量不具开发价值所以不开采，天赐湖就是上天赐予的宝库，恩泽着四方。关于天赐湖的传说也有多个版本。可惜不是春天，也不是秋天，但相信冬天的银装素裹和秋水长天一色都是大自然恩赐的人间美景。

虽然都说冬天里的五营国家森林公园枯木一片，失去了绿意盎然，但我却觉得深秋之后的五营国家森林公园有它独特的魅力！这样的美是印在心里的，是忘却了时间的！黑瞎岭是五营国家森林公园此行的最后一站。大大的“红松林森林浴”几个大字跃入眼帘，松树是常青的，如果说冬天的主色调是枯黄色和白色，那么到了这里，主色调就变成了绿色。过去的黑瞎岭是山高坡陡的险恶大岭，一片原始森林，棵棵都是两人合抱的大红松，黑熊、狍子、狼、野兔等野生动物在这片森林中穿梭自如。岭里不光有高大挺拔的松树，还有枫树、桦树等其他珍稀树木，人参、刺五加、五味子等300多种中草药材及山葡萄、都柿、榛子等30多种野果和山野菜都可以在黑瞎岭里寻觅到。

在五营国家森林公园行走了4个小时之后，终于要道上一句：“离别了，这个冬天走过的最为惊心动魄的地方！”没有看到一汪静静的湖水，绿色的草地，没有领略五营国家森林公园春的绿意、夏的生气、秋的枯黄，却在冬天里沐浴了灿烂的晚霞。这个童话般的世界有着美妙的风景，脑海中的那些画面一幕幕闪过，五营国家森林公园700年的红松树王，神奇的天赐湖，巧夺天工的红松明子，童话般静谧的森林小屋……在下一个季节里，我期待着可以看林海奇石，听松涛阵阵！

伊春市五营区旅游公路以北17千米
汽车：伊春汽车站有直达五营的大巴，发车时间为：10:30、11:30、12:50、14:30、15:20、16:50；也有到红星、汤旺河方向的车，途经五营。下车后就有载客的车
火车：抵达五营火车站后乘坐出租车，约半小时可达景区
全天开放

02 美溪回龙湾国家森林公园 >

神龙栖息的幽静度假胜地

“林鼠山狐长醉饱，不知龙神享几多”，美溪回龙湾国家森林公园就是这样一个林深不知处，悠然见清新之所。和众多的国家森林公园一样，这里植被茂密，灵动的空气中透着淡淡的树叶的清香，当天边的雾水伴着阳光渐渐散去，森林公园里的景色洋溢着仙女般的姿态。

一眼望不到尽头的森林公园位于美溪汤旺河畔，被负氧离子毫无缝隙地包裹着。该公园建于 1993 年，总占地面积约 63 平方千米，如果说这里是一座公园，倒不如说更像是一片不被尘世打搅的世外桃源。来到伊春就是要尽情地享受大自然的呼吸，林都的自然风光与新鲜空气加上度假的悠闲步调，在大城市绝对无法享受的舒畅可以在此尽情挥洒。在各个景区内漫步，空气中高度的负氧离子刺激着大脑的细胞，深刻地感受到此处清新的空气，茂盛的花木与清澈的溪潭令自然增色

伊春市美溪区（距市区 33 千米）
包车或从市区乘坐出租车
0458-3958888

不少。四周所能见的不再是了无生气的钢筋水泥，取而代之的是被山水环绕的自然清新。

当你置身其中，满眼的翠绿是这片森林公园最吸引人的一面。林区里还有多处迷人的景观，如国内少有的水湿地景观、充满神话色彩的汇龙潭、古朴神圣的佛教文化苑等 11 个风景区。这些都是大自然馈赠给这片山林最独特的礼物。

走进回龙湾景区的佛教文化苑，沉浸在高深的佛学文化和美丽的静谧之间，映入眼帘的是林海观音、弥勒佛、释迦牟尼三尊露天大佛。其中屹立在惠泽崖之上高达 26.8 米的林海观音，形象端庄、栩栩如生的佛像也吸引了大批游客前来参拜、祈福。这里的小径有了两旁大树的遮荫，更增添一份幽静雅致之气，远远就能听到庙中僧人诵经敲打木鱼的清脆声响。沿着寺院旁的围墙转过弯后，再走上一小段路，来到寺院后面，就能看见作为大佛基座的寺庙。都说有佛的地方必有非同一般的造诣，此时站在寺院内，双手合十，感叹岁月静好。

都说“山不在高，有仙则明。水不在深，有龙则灵”，回龙潭水域烟波浩渺，潭内有多种鱼类，被世人赞为“世外桃源，湖山圣境”。时至今日，这里仍流传着有关黑龙的神秘传说。相传黑龙生于此住于此，直到听闻了远方有一白龙总是危害百姓，为了保护老百姓的安危，黑龙于是前去与白龙大战，最后成功战胜了白龙，这条江因此得名为黑龙江，后来黑龙奉天命守卫黑龙江。在想念家乡时，黑龙便会回到自己的出生地弯月小湖，人们为了纪念黑龙便把这湖改名叫回龙潭。

回龙潭上有一座曲桥，潭边有百米长廊可散步赏游风景。潭内则有机动船、小木船，能让人享受诗情画意的划船乐趣。森林公园里的金沙河漂流更可说是东北漂流设施最齐全完备的天然漂流景区。金沙河落差大、水流湍急，两岸美景如画，你可以坐在橡皮筏上顺流而下，在四周风景宛如仙境的地方享受无穷的刺激体验，展开漂流于山水之间的冒险历程。来到伊春，不要忘记到这片深藏在大山腹地的山林里来尽情呼吸一番，不要辜负大自然的恩宠和山林特有的恩赐！

03 兴安森林公园 >

造就林都称号的北疆第一园

伊春之所以被人们誉为天然氧吧之城，与这里众多的森林公园分不开。每个森林公园都有其独有的自然风光。穿行于森林公园之中，城市中的亚健康状态一扫而光。

伊春市五营区于克一河镇
1、7路公交车至八大局站下，步行约3分钟
0458-8974898
公园、观光塔全天开放；兴安塔看塔人16:30下班，但仍有工作人员居住，只要按门铃就有人开门
门票免费，山顶兴安塔（楼梯）10元，观光塔（电梯）30元，汽车进山5元（7座以下），营运车辆不许进园

伊春兴安森林公园，有着北疆第一园的美誉，建于1981年，算是时间较久的原始森林公园。被大片森林覆盖的景区植被丰富，主要是以红松为主的针阔叶混交林，还有红松、云杉、冷杉、黄菠萝、水曲柳等珍贵树木。完好无损的森林促使大量野生动物栖息于此。这些山林里的精灵们自由地奔跑在这片无尽的大山之间，这份原本就属于山野的和谐，在今天依然显得弥足珍贵。

迷人的森林风光是兴安森林公园的名片，山林间藏着多个一步一景不同的景区，伊春著名的景点兴安塔即位于此处。不论是选择徒步还是搭乘电瓶车上山，都会是一个有趣的体验，沿途还有美丽的风景相伴。一年四季的不同景致，更是全年都适合前来。初春里山林间百

花齐放，一片绿意盎然的气息扑面而来；盛夏里万物繁衍，充满了生机；秋日里，林木被染上美丽的色彩；到了白雪皑皑的隆冬，一片雪白的世界，又是另一种美。森林百变的模样，更是提高了它的观赏价值。若有可能，我期待可以领略这一年四季公园内不同的身姿，尽管这有一定的难度，但有个小愿景也是好的。人与自然的和谐在我看来是最美妙的事情。

汤旺河和伊春河两大河从山林间缓缓地流过，充沛的水源滋养了这里的草木。此处有着最具北国代表性的红松，树龄大多数都已超过了三百岁。除了原始风貌，公园还设有游乐设施，如动物观赏区可让游客更贴近野生动物，了解此处特有的生态。冬天公园还会开设滑雪赛道，你就能趁此体会骑乘雪地摩托畅游林海雪原的乐趣。

森林公园的丰富植被呈现出强烈层次感。北山有红松林风景林亚区及樟子松试验林亚区，主要树种有人工营造的红松、落叶松、红皮云杉、樟子松，以及天然生长的柞树、杨树、桦树、椴树等。南山为针阔混交林亚区，天然生长的树种主要有红松、云杉、冷杉等针叶林木，以及杨树、桦树、椴树等阔叶林木。四季的变换，让这些林区变换着多彩的外衣，成了人们眼中季节的象征。

作为森林公园的标志性建筑的兴安塔，更是到此一游所不能错过之景。坐落于海拔653米的主峰峰顶的兴安塔，为仿古的六角形建筑，塔高67米，共11层，塔身为白色，钢筋混凝土结构。高出群山的塔身矗立于红松林之中，更衬托出塔身的雄伟壮观。登上塔顶远眺，不仅可俯瞰伊春城区全貌，还能一览林都风光。塔顶还设有高倍望远镜，是欣赏林都全貌的最佳位置。这里也是近年来摄影爱好者们竞相到访的地方，“长枪短炮”的身影成了兴安塔上一道亮丽的风景。

恋恋不舍中还是要告别兴安森林公园，一切都十分美妙，随风荡漾的人间仙境收录于记忆的笔记之中，下一站还有更多精彩的自然风光，旅行仍在继续。

04 汤旺河国家公园 >

集林园生态地貌于一体的天然景致

伊春市汤旺河区小兴安岭南麓

在伊春长途客运站有去往汤旺河的直达客车，约每隔 1 小时一班，票价 21 元。到汤旺河，再乘坐出租车去景区，行驶 17 千米即到

0458-3574024

7:00—18:00

90 元（含电瓶车），观光塔 50 元 / 人

有着“中国林都”美誉的伊春，其丰富独特的林相与多样的生态性，在汤旺河国家公园一一呈现在世人眼前。汤旺河国家公园单从名字上就已让我联想到威尼斯的天然美景和亚马孙河流的狂野，到此处饱览近乎没有人工痕迹的自然风光，绝对是一趟令人回味无穷的体验。

汤旺河国家公园位于小兴安岭南麓，更是我国第一个正式批准的国家公园。汤旺河国家公园以它别样的风光成为我国最为璀璨的森林公园之一。它最吸引人之处就在于其多年以来维持的生态完整性，国家公园成立的最大目的就在于要保护无污染、最为原始的生态系统。

20 余条河流静静地从园区内缓缓地流过，全长 509 千米的伊春的母亲河——汤旺河为最大河流，水质清澈，两岸风景秀丽。一望无际的园区，可见近千种的动植物在这里栖息繁衍，并建有多处保护区，是小兴安岭特色风光旅游区的核心，集奇石、森林、冰雪、峰涧、湖溪于一体，而林海雪景更是堪称绝景。

汤旺河国家公园包括汤旺河原始森林区和汤旺河石林区，国家公园的两大特色即为保留完整的生态系统与地质景观。其中，原始森林区以红松为主，是亚洲最完整、最具代表性的原始红松林生长地，被誉为“红松故乡”。

拥有上千种奇岩怪石的石林区是该公园的核心，独特的花岗岩石林，是目前国内发现的唯一一处类型最齐全、发育最典型、造型最丰富的印支期地质遗迹，其特色是“树在石上，石在林中”，让人过目不忘。石林区共分为东西南北中五大景区。林海丰富的东区，让你能好好体会山林中的清新氛围。西区则多为具有传统神话故事色彩的特殊奇石，如“剑劈山”“天犬岩”“云靴顶”“醉鳌石”等，石板铺成的山路，一路上随处可见奇形怪状的天然巨石，令人叹为观止。园内著名的景点“一线天”位于南区，是因地质运动和风化作用所造就的特殊极景。两座石峰分别高 26.13 米和 17.97 米，相距 35 ～ 45 厘米，只能容纳一人侧身通过，不妨于此拍照留念。北区主要反映了民间与风俗景观，以“钟馗崖”“幽谷”“蟠桃岭”最为著名。中区同样以奇岩为主，主要有“龙头岩”“龙凤呈祥”“林海观音龟”等。此处令人意想不到、变化万千的地质构造，堪称是地质学界的瑰宝。

汤旺河国家公园不仅有奇景，还有令人沉醉的空气。据说从华北过来度假的人到这里常常会有醉氧反应，这一反应在我看来就是嗜睡，因为氧气充足了，我一个从雾霾地区失眠的人到了这里则自然痊愈。这里空气负氧离子高达每立方厘米 5 万个。面对市区日见严重的空气污染问题，这一可以好好放松且呼吸到新鲜空气的地方，成了近年来热门的旅游景点。来到这里，可以尽情地呼吸新鲜空气。另外，公园也是个避暑的好去处，夏季平均温度在 18 ～ 23℃，凉爽宜人。真的是一趟能同时放松身心的旅途，或许还能有疗养的妙效。在城市里待久了的人们都建议到这里来转一转，调节一下神经系统。

05 嘉荫恐龙国家地质公园 >

一场恐龙之乡的探索之旅

“山不在高，有仙则名。水不在深，有龙则灵”，嘉荫恐龙国家地质公园正是因为有“龙”而闻名。中国第一块恐龙化石出土于此处。走在这个国家地质公园，见到石头，我会不由自主地蹲身考究下石头上的图案，看我是否能有幸捡到一个远古时代的石头，脑海里也时不时地闪现出霸王龙的萌态！在嘉荫恐龙国家地质公园内徒步而行，其实是有些失落的，这里的原始山貌已所剩无几，更多的是人造的地貌。

嘉荫恐龙国家地质公园位于龙骨山上，由于龙骨山出土了大量恐龙化石，因此获得国土资源部批准建立国家地质公园，并设有博物馆。尽管已没有了原始森林的气质，但因为恐龙化石的出没，这里仍是来到伊春不可错过的旅游景点。不论是对考古有兴趣，还是想亲眼瞧见这千万年前真实存在于地球上的庞然巨物，抑或是作为科学教育，来到嘉荫恐龙世界一定都能带回满满的收获。

游嘉荫恐龙国家地质公园，定要对龙骨山的知识背景有一定的了解。龙骨山位于黑龙江省小兴安岭北部的低山丘陵边缘地带，地处嘉荫凹陷区。听闻其名不难想象，龙骨山定与龙骨的故事相关。这里不

伊春市嘉荫县城西 9 千米处
伊春客运站有 4 班车直达嘉荫，发车时间为 7:10、8:40、13:30、15:45， 车程大约 3 个小时，车票 46 元。到嘉荫县后乘坐出租车前往
8:00—17:30
¥ 80 元

仅是第一块恐龙化石的发现地，还出土了我国第一具恐龙骨架，因此有“恐龙的故乡”的美誉，而这第一具出土的恐龙骨架被定名为“神州第一龙”。据专家考察，龙骨山是一座大型的恐龙墓葬群，恐龙化石十分丰富。经估算，龙骨山地区埋藏恐龙化石骨架多达 100 多具，光是现在已出土并重组完成的恐龙化石就超过 10 具以上。且除了恐龙化石以外，这里还发现了鱼、龟、鳄等珍贵化石，更有松柏、银杏等多达上百个属种的植物化石以及多类无脊椎动物化石。可以想象在远古时期，这里是动物们的乐园，那时的动物先祖们不断地适应着当时的地理环境，优胜劣汰下，一些珍稀物种已灭绝，我们只能通过化石找寻它们当初繁衍生息的辉煌。

龙骨山之所以能蕴藏如此大量的古代化石，是因为嘉荫特殊的地质环境。嘉荫的地理环境非常有利于化石的形成与保存。藏量多、品种多且包含多类生物，这样的地理环境不仅在我国，甚至在全世界都实属罕见，真可谓是地大物博的代表性区域。嘉荫国家地质公园出土的恐龙化石属平头鸭嘴龙科，是接近恐龙灭绝时期的产物，为晚白垩世大型鸭嘴龙的典型代表。

地质公园含有距今 8800—6500 万年间，也就是晚白垩纪时期丰富的恐龙、腹足类、鱼、昆虫、龟鳖类及植物等化石，化石地层剖面完整，层序清楚，层位稳定，堪称一座天然的晚白垩纪地质陈列馆。嘉荫国家地质公园对研究恐龙灭绝之谜提供了众多的线索，对于研究中国和黑龙江省晚白垩纪古地理、古气温、古气候、古生态环境等有着极大的参考价值。近年来，随着考古专家们的不断深入研究，在嘉荫国家地质公园不断发现了新的大规模恐龙化石群，鸭嘴龙、虚骨龙、甲龙化石都在嘉荫国家地质公园悄悄地露出它们远古的痕迹。期待考古学家们有更多新的发现，也希望我们每个人都肩负起环保的使命，把远古的故事继续诉说下去。

嘉荫恐龙国家地质公园不只吸引大批研究学者，也吸引了大量游客前来。来到这里是与恐龙们的一次近距离亲密接触，走在空旷的空间中，可以想象当时恐龙们的迁徙之景，一切混沌的人生终将归于自然，那就让我们在这里一起更好地保护那些属于自然界的远古文化吧！

本图书是由北京出版集团有限责任公司依据与京版梅尔杜蒙（北京）文化传媒有限公司协议授权出版。

This book is published by Beijing Publishing Group Co. Ltd. (BPG) under the arrangement with BPG MAIRDUMONT Media Ltd. (BPG MD).

京版梅尔杜蒙（北京）文化传媒有限公司是由中方出版单位北京出版集团有限责任公司与德方出版单位梅尔杜蒙国际控股有限公司共同设立的中外合资公司。公司致力于成为最好的旅游内容提供者，在中国市场开展了图书出版、数字信息服务和线下服务三大业务。

BPG MD is a joint venture established by Chinese publisher BPG and German publisher MAIRDUMONT GmbH & Co. KG. The company aims to be the best travel content provider in China and creates book publications, digital information and offline services for the Chinese market.

北京出版集团有限责任公司是北京市属最大的综合性出版机构，前身为 1948 年成立的北平大众书店。经过数十年的发展，北京出版集团现已发展成为拥有多家专业出版社、杂志社和十余家子公司的大型国有文化企业。

Beijing Publishing Group Co. Ltd. is the largest municipal publishing house in Beijing, established in 1948, formerly known as Beijing Public Bookstore. After decades of development, BPG has now developed a number of book and magazine publishing houses and holds more than 10 subsidiaries of state-owned cultural enterprises.

德国梅尔杜蒙国际控股有限公司成立于 1948 年，致力于旅游信息服务业。这一家族式出版企业始终坚持关注新世界及文化的发现和探索。作为欧洲旅游信息服务的市场领导者，梅尔杜蒙公司提供丰富的旅游指南、地图、旅游门户网站、APP 应用程序以及其他相关旅游服务；拥有 Marco Polo、DUMONT、 Baedeker 等诸多市场领先的旅游信息品牌。

MAIRDUMONT GmbH & Co. KG was founded in 1948 in Germany with the passion for travelling. Discovering the world and exploring new countries and cultures has since been the focus of the still family owned publishing group. As the market leader in Europe for travel information it offers a large portfolio of travel guides, maps, travel and mobility portals, apps as well as other touristic services. It's market leading travel information brands include Marco Polo, DUMONT, and Baedeker.

出行感受 >